첫걸음 떼고 바로 시작하는

Real Talk

리얼톡

일본어
회화

조우림 저

시사일본어사

Real Talk  일본어 회화

초판발행	2020년 7월 15일
1판 2쇄	2023년 10월 20일
저자	조우림
책임 편집	조은형, 김성은, 오은정, 무라야마 토시오
펴낸이	엄태상
디자인	이건화
조판	이서영
콘텐츠 제작	김선웅, 장형진
마케팅	이승욱, 왕성석, 노원준, 조성민, 이선민
경영기획	조성근, 최성훈, 김다미, 최수진, 오희연
물류	정종진, 윤덕현, 신승진, 구윤주
펴낸곳	시사일본어사(시사북스)
주소	서울시 종로구 자하문로 300 시사빌딩
주문 및 교재 문의	1588-1582
팩스	0502-989-9592
홈페이지	www.sisabooks.com
이메일	book_japanese@sisadream.com
등록일자	1977년 12월 24일
등록번호	제 300-2014-31호

ISBN 978-89-402-9297-6 13730

일본어를 가르치다 보면 이런 고민을 자주 듣습니다.

"선생님! 문법도 단어도 아는데, 말하려고 하면 입이 안 떨어져요. 말이 안 나와요!"

지금 이 책을 손에 든 당신도 그런 고민을 갖고 계시지 않을까요?

저자도 일어를 가르치면서 늘 '어떻게 하면 학생들이 일본어를 잘할 수 있을까?'를 고민해 왔습니다. 어떤 방법으로 공부해야 효율적으로 일본어 회화를 잘할 수 있을까요?

이 책은 바로 그 방법을 담아 놓은 회화 교재입니다.

실제로는 안 쓰이거나 부자연스러운 표현을 완전히 배제하고, 리얼하면서도 자연스러운 일본어만 담았습니다. 또한 〈문화와 말〉은 두 살 때부터 일본에서 자란 저자가 한국과 일본의 다른 점, 한국인이 자주 틀리는 일본어, 일본에서만 볼 수 있는 문화와 말 등을 소개하는 코너입니다. 공부하기 싫을 때 읽어 보세요. 당신이 모르는 일본만의 세계를 알 수 있습니다.

이 책이 나오기까지 응원하고 위로하며 지켜봐 준 가족과 늘 새로운 깨달음을 주는 학생들에게 고마움을 전하고 싶습니다.

이 책을 통해 일본어를 능숙하게 구사하고 싶은 독자 여러분이 손쉽게 자연스러운 일본어를 습득하기를 기원합니다.

저자 조우림

목차

머리말 3

이 책의 구성과 특징 6

일상생활 편

이 책의 구성과 특징

1 첫걸음 공부를 마친 당신에게 지금 꼭 필요한 거의 모든 일본어 회화

〈착! 붙는 일본어 독학 첫걸음〉, 아니면 다른 교재로 일본어 입문 학습을 이제 막 떼셨나요?
이제부터 어떻게 하시겠어요? 잘 모르겠다고요?
그런 당신에게 최적화된 교재로 두 번째 일본어 학습을 시작해 보세요.
일상생활에서 접하게 되는 거의 모든 100장면을 짧지만 활용도 높은 회화 표현으로 채웠습니다.

2 언제까지 정중한 말만 쓸 거야?

누구를 만나느냐에 따라 말투는 달라져야죠. 어느 정도 친해졌다면 반말로도 스스럼없이 이야기해 봐요. 정중한 표현은 기본이고 친구 사이에도 쓸 수 있는 회화문으로 바꾸어 제시함으로써 활용의 폭을 확 넓혔습니다.

3 꼼꼼한 어구 해설

반복되는 어구도 거르지 않고 실어 바로바로 확인하면서 머리에 새길 수 있도록 했습니다.

4 패턴 연습으로 회화력 UP!

외국어 학습에서 패턴을 익히는 일은 매우 중요합니다.
이 책에서는 회화에서 자주 쓰이는 패턴만 모아 연습함으로써 회화 능력을 비약적으로 올릴 수 있습니다.

5 이제 첫걸음 뗐는데, 일본 여행 간다고?

지금부터 여행 예약하면서 하루에 두 페이지씩만 읽어 보세요. 일본 여행에서 사실 그렇게 많은 말을 할 기회는 없어요. 하지만 꼭 필요한 말은 있죠. 이 책으로 해결하세요.

6 직장인? 한두 마디만 보태도 호감도 UP!

일본 거래처 손님이 왔는데, 인사 한 마디 정도는 건네는 센스 장착! 거기에 기본적인 비즈니스 회화까지 한두 마디 보탠다면 호감도 UP!

7 문화를 알면 말이 술술

그 나라의 문화를 알아야 말도 제대로 할 수 있습니다. 따라서 각 상황마다 알아야 할 문화와 언어 습관을 실어 학습 효과를 높였습니다.

8 확인학습은 필수!

앞에서 익힌 회화를 간단하게 짚고 넘어갈 수 있도록 〈셀프 테스트〉 페이지를 두었습니다. 복습하는 기분으로 가볍게 풀어 보세요.

⬇ 원어민 회화 MP3

홈페이지(https://www.sisabooks.com/jpn)에 오시면 무료로 다운로드 받으실 수 있습니다.

일상

생활 편

李と申します。

イ　もう

'이○○'라고 합니다.

정중하게 자기 이름을 밝히는 표현이에요.
아래에 소개하는 인사 표현은 일본인이라면 예외 없이 사용하죠.

🎧 Track **001-1**

吉田　はじめまして。吉田と申します。

李　　はじめまして。李と申します。

吉田　李さんですね。よろしくお願いします。

李　　こちらこそ、よろしくお願いします。

吉田　ところで、李さんは…。

요시다　처음 뵙겠습니다. '요시다'라고 합니다.
이　　　처음 뵙겠습니다. '이'라고 합니다.
요시다　'이○○' 씨군요. 잘 부탁합니다.
이　　　저야말로 잘 부탁합니다.
요시다　그런데, '이○○' 씨는….

✏️ 어구

□ はじめまして 처음 뵙겠습니다　□ 吉田 요시다(일본인의 성)　□ 〜と申します ~라고 합니다
□ 李 이(한국인의 성)　□ 〜さん ~씨　□ 〜です ~입니다　□ 〜ね 상대의 동의를 구하는 종조사
□ よろしく 잘, 좋게　□ お願いします 부탁합니다　□ こちらこそ 저야말로
□ ところで 그런데　□ 〜は ~은/는　□ どうも 인사말을 대신해 가볍게 하는 말
□ あ 아!(감탄사)

吉田	どうも。吉田です。 안녕, '요시다'라고 해.
李	あ、どうも。李です。 아! 안녕, '이'라고 해.
吉田	李さんか。よろしくね。 '이○○' 씨구나. 잘 부탁해.
李	うん、よろしく。 응! 잘 부탁해.
吉田	ところで、李さんは…。 그런데, '이○○' 씨는….

패턴 회화 표현

패턴 익히기로 회화력 **UP!**

~と申します ~라고 합니다

- はじめまして。金と申します。

  처음 뵙겠습니다. '김'이라고 합니다.

- 田中と申します。どうぞ、よろしくお願いします。

  다나카라고 합니다. 부디 잘 부탁합니다.(どうぞ를 붙이면 더 정중해짐)

- 木村と申します。よろしくお願いいたします。

  기무라라고 합니다. 잘 부탁드립니다.(いたします를 사용하면 더 정중한 표현)

こちらこそ~ 저야말로~

- こちらこそありがとうございました。 저야말로 감사했습니다.

- こちらこそすみませんでした。 저야말로 죄송했습니다.

문화와 말 문화를 알면 말이 술~술

자기소개와 관련해 정중한 회화문과 친구 사이에 할 수 있는 회화문을 함께 실었어요.
서로의 자기소개가 끝나면 어떤 대화를 이어가야 할까요?
일본에서는 한국처럼 나이를 따져서 위아래를 정하려는 정서가 없기 때문에 처음 만나는 사람에게 불쑥 나이를 묻는 것은 실례예요. 따라서 자연스럽게 대화를 이어가기 위해서는 쉽게 물어볼 수 있는 다른 화제를 꺼내는 것이 좋겠네요. 그럼 어떤 화제를 꺼내는 것이 좋을까요? 바로 다음 장면에서 확인해 보세요.

どちらにお住<ruby>住<rt>す</rt></ruby>まいですか。

어디 사세요?

어떤 사람을 처음 만나 대화를 트려고 할 때,
가장 쉽게 물을 수 있는 말은 바로 이 표현이죠.

🎧 Track **002-1**

<ruby>吉田<rt>よしだ</rt></ruby>　ところで、<ruby>李<rt>イ</rt></ruby>さんはどちらにお<ruby>住<rt>す</rt></ruby>まいですか。

<ruby>李<rt>イ</rt></ruby>　<ruby>池袋<rt>いけぶくろ</rt></ruby>に<ruby>住<rt>す</rt></ruby>んでいます。

<ruby>吉田<rt>よしだ</rt></ruby>　<ruby>池袋<rt>いけぶくろ</rt></ruby>ですか。マンションですか。

<ruby>李<rt>イ</rt></ruby>　はい、<ruby>会社<rt>かいしゃ</rt></ruby>の<ruby>寮<rt>りょう</rt></ruby>があるんです。

<ruby>吉田<rt>よしだ</rt></ruby>　じゃあ、<ruby>家賃<rt>やちん</rt></ruby>も<ruby>安<rt>やす</rt></ruby>いですね。

요시다　그런데, 이○○ 씨는 어디에 사세요?
이　　　이케부쿠로에 살고 있어요.
요시다　이케부쿠로요? 맨션인가요?
이　　　네. 회사 기숙사가 있거든요.
요시다　그럼, 집세도 저렴하겠네요.

✏️어구

☐ **ところで** 그런데(화제 전환)　☐ **どちら** 장소를 말할 때 どこ(어디)의 경어로 쓰임
☐ **お住<ruby>住<rt>す</rt></ruby>まいですか** 사세요?　☐ <ruby>池袋<rt>いけぶくろ</rt></ruby> 이케부쿠로(도쿄에 있는 지명)
☐ <ruby>住<rt>す</rt></ruby>**んでいます** 살고 있습니다　☐ **マンション** 맨션, 고층 아파트　☐ <ruby>会社<rt>かいしゃ</rt></ruby> 회사　☐ <ruby>寮<rt>りょう</rt></ruby> 기숙사
☐ **じゃあ** 그럼, 그렇다면　☐ <ruby>家賃<rt>やちん</rt></ruby> 집세　☐ <ruby>安<rt>やす</rt></ruby>**い** (값이) 싸다, 저렴하다
☐ **～って** ~은(는). 친한 사이에 사용하는 구어체 표현　☐ <ruby>住<rt>す</rt></ruby>**んでる** 住んでいる의 줄임말
☐ **～の?** 질문을 부드럽게 나타내는 종조사　☐ **～よ** 상대가 모르는 사실을 알려 주는 느낌의 종조사
☐ **あってさ** 있거든

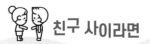 **친구 사이라면**

吉田　ところでさ、李さんってどこに住んでるの？그런데 이○○ 씨는 어디 살아?

李　池袋に住んでるよ。이케부쿠로에 살아.

吉田　池袋か。マンション？이케부쿠로? 맨션이야?

李　うん、会社の寮があってさ。응, 회사 기숙사가 있거든.

吉田　じゃあ家賃も安いね。그럼, 집세도 저렴하겠네.

패턴 회화 표현

패턴 익히기로 회화력 **UP!**

💬 **お住まいですか** 사세요?(お + 동사 ます형 + ですか)

● 何をお探しですか。무엇을 찾으세요?(探す 찾다)

● 何時にお帰りですか。몇 시에 귀가하세요?(帰る 돌아가다, 돌아오다)

💬 **～に住んでいます** ~에 살아요(주택, 장소, 주거 형태 등에 사용)

● シンチョンに住んでいます。신촌에 살아요.

● 学生寮に住んでいます。학생 기숙사에 살아요.

🕊 문화와 말 문화를 알면 말이 술~술

주거 형태라면 크게 단독주택, 아파트, 빌라 정도로 나눌 수 있겠죠. 각각의 주거 형태를 일본어로는 아래처럼 표현해요. 한국에서 아파트라고 부르는 형태를 일본에서는 マンション이라고 하고, 빌라라고 부르는 형태를 アパート라고 하죠. 대화 중에 이런 단어에는 주의하세요.

一戸建て 단독 주택

マンション 맨션 (고층 아파트)

アパート 빌라

ご趣味は何ですか。

취미는 무엇입니까?

대화 소재로는 서로의 관심사를 확인해 보는 것도 좋아요.
그 중에서도 가장 묻기 편한 것은 취미가 아닐까요?

 Track **003-1**

吉田　李さん、ご趣味は何ですか。

李　そうですね…。最近は映画を見ることです。

吉田　映画ですか。おすすめはありますか。

李　韓国映画なのですが、『パラサイト』という映画が面白いですよ。

吉田　へえ、どんな映画なんですか。

요시다　이○○ 씨, 취미는 무엇입니까?
이　글쎄요. 요즘은 영화를 보는 것입니다.
요시다　영화요? 추천하시는 거라도 있으세요?
이　한국 영화인데요,
　　〈기생충〉이라는 영화가 재미있어요.
요시다　아~, 어떤 영화인가요?

어구

- □ ご趣味 취미(경어) □ 何ですか 무엇입니까? □ そうですね 글쎄요 □ 最近 최근, 요즘
- □ 映画 영화 □ 見る 보다 □ こと 것, 일 □ おすすめ 추천 □ ありますか 있습니까?
- □ 韓国映画 한국 영화 □ ～なのですが ~인데요 □ ～という ~라는 □ 面白い 재미있다
- □ 何？ 뭐니? □ そうだな 글쎄 □ ～だよ ~야. □ ある？ 있어? □ ～けど ~ㄴ데
- □ ～っていう ~라는

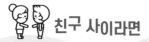 친구 사이라면

吉田　李さん、趣味は何？ 이〇〇 씨, 취미는 뭐니?

李　そうだな…。最近は映画を見ることだよ。
글쎄, 요즘은 영화를 보는 거야.

吉田　映画か。おすすめはある？ 영화? 추천하는 영화라도 있어?

李　韓国映画なんだけど、パラサイトっていう映画が面白いよ。
한국 영화인데, 〈기생충〉이라는 영화가 재미있어.

吉田　へえ、どんな映画なの？ 그래? 어떤 영화야?

패턴 익히기로 회화력 **UP!**

패턴 회화 표현

💬 **~ことです** ~하는 것(일)입니다

● 本を読むことです。 책을 읽는 것입니다.

● 写真を撮ることです。 사진을 찍는 일입니다.

● コンサートに行くことです。 콘서트에 가는 일입니다.

💬 **~という/~っていう** ~라는

● 『君の名は』という映画です。 〈너의 이름은〉이라는 영화입니다.

● 『黒澤明』という映画監督です。 〈구로사와 아키라〉라는 영화 감독입니다.

● 『ドラゴンボール』っていう漫画だよ。 〈드래곤 볼〉이라는 만화야.

👑 문화와말 문화를 알면 말이 술~술

일본에도 만화방이 있어요. 시간에 따라 일정 요금을 지불하고 이용하는 것은 한국과 비슷하죠. 일본어로는 マンガ喫茶라고 해요. 또 한국의 PC방과 같은 것도 있어요. ネットカフェ라고 하는데, 음식을 파는 건 물론이고 샤워 시설까지 갖춘 곳이 있어서 간편한 호텔처럼 이용하는 사람도 있는 것 같아요.

ヨガ教室に通っています。
요가 교실에 다녀요.

사람마다 휴일에는 일상을 벗어나 자기가 하고 싶은 것을 하죠.
당신은 휴일에 어떤 것을 하나요? 그리고 왜 그걸 하나요?

Track **004-1**

吉田　李さんは休みの日には何をしていますか。

李　ヨガ教室に通っています。

吉田　へー、ヨガですか。

李　はい。ダイエットにいいですよ。

吉田　いいですね〜。最近、運動不足で…。

요시다	이○○ 씨는 휴일에는 무엇을 하나요?
이	요가 교실에 다녀요.
요시다	오호, 요가요?
이	네, 다이어트에 좋아요.
요시다	좋겠네요. 요즘 운동 부족이라서….

어구

□ 休みの日 휴일　□ ～には ~에는　□ ～していますか ~하고 있나요? ~하나요?
□ ヨガ 요가　□ 教室 교실　□ 通う 다니다　□ へー 놀람이나 감탄을 나타내는 말
□ ダイエット 다이어트　□ いい 좋다　□ 最近 최근　□ 運動不足 운동 부족
□ ～で… ~라서…　□ ～しているの? ~하고 있어?

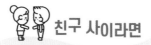 친구 사이라면

吉田 　李さんは休みの日には何をしているの？ 이○○ 씨는 휴일에 뭐 해?

李 　ヨガ教室に通っているよ。 요가 교실에 다녀.

吉田 　へー、ヨガか。 오호, 요가?

李 　うん。ダイエットにいいよ。 응. 다이어트에 좋거든.

吉田 　いいね～。最近、運動不足で…。 좋겠다~. 요즘 운동 부족이라서….

패턴 회화 표현

패턴 익히기로 회화력 **UP!**

💬 **～に通っています** ~에 다녀요

● 料理教室に通っています。 요리 교실에 다녀요.

● 英語塾に通っています。 영어 학원에 다녀요.

● 病院に通っています。 병원에 다녀요.

💬 **～にいいです** ~에 좋아요

● 運動は体にいいです。 운동은 몸에 좋아요.

● 肌にいいです。 피부에 좋아요.

● このハチミツはのどにいいです。 이 꿀은 목에 좋아요.

🍷 문화와 말 　문화를 알면 말이 술~술

한국에서는 무언가를 배우러 다니는 곳을 '학원'이라고 하죠. 그런데 일본에서는 学院이라고 하면 정규 교육기관을 가리켜요. 그럼 한국에서 흔히 말하는 '학원'은 일본어로 뭐라고 할까요?

• 塾: 학교 밖의 사설 학원. 주로 학생이 자신의 부족한 공부를 보충하기 위해 다니는 곳.

• 教室: 학생 뿐만 아니라 어린이, 일반인이 취미나 교양, 건강을 위해 다니는 곳.
　「ピアノ教室 피아노 교실」「料理教室 요리 교실」 등.

고향①

どこの出身ですか。
어디 출신이에요?

위와 같이 물어 보면 그것은 고향이 어디냐는 뜻이에요.
고향을 물어 보는 것은 큰 실례가 되지 않으므로
어느 정도 대화가 무르익었다면 충분히 꺼내 볼 만한 대화 소재예요.

 Track **005-1**

吉田　李さんは韓国のどこ出身ですか。

李　私は大邱というところです。聞いたことありますか。

吉田　はい、なんとなく。

李　吉田さんはどこ出身ですか。

요시다　이〇〇 씨는 한국의 어디 출신이에요?
이　　　저는 대구라는 곳입니다. 들은 적 있나요?
요시다　예, 들어 본 것 같아요.
이　　　요시다 씨는 어디 출신이에요?

어구

☐ **韓国** 한국　☐ **どこ** 어디　☐ **出身** 출신　☐ **〜という** ~라고 하는, ~라는　☐ **ところ** 곳, 장소
☐ **聞く** 듣다　☐ **〜たことありますか** ~한 적 있어요?
☐ **なんとなく** 어디선가, 언젠가, 어렴풋하게(확실하지는 않지만 그런 느낌임을 나타냄)
☐ **〜っていう** ~라는

18

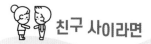 **친구 사이라면**

 Track **005-2**

吉田	李さんは韓国のどこ出身？ 이○○ 씨는 한국의 어디 출신이야?
李	私は大邱っていうところだよ。聞いたことある？
	난 대구라는 곳이야. 들어 본 적 있어?
吉田	うん、なんとなく。응, 들어 본 것 같아.
李	吉田くんはどこ出身？ 요시다 군은 어디 출신이니?

패턴 회화 표현

패턴 익히기로 회화력 **UP!**

💬 **～たことがある** ~한 적이 있다

- 佐藤さんに会ったことがあります。사토 씨를 만난 적이 있습니다.

- この店のケーキを食べたことがありますか。
  이 가게의 케이크를 먹어 본 적이 있나요?

- ディズニーランドに行ってみたことがあるよ。
  디즈니랜드에 가 본 적 있어.

- ここ、来たことがあるよ。여기 와 본 적 있어.

💬 **なんとなく** 왠지, 어쩐지

- なんとなく甘いものが食べたい。왠지 단것이 먹고 싶네.

- なんとなく知っているよ。어디선가(언젠가) 들은 것 같아.

🔱 문화와말 문화를 알면 말이 술~술

일본의 행정 구역

한국은 특별시(서울), 광역시(부산, 인천, 대구, 광주, 대전, 울산), 제주특별자치도, 그리고 각 '도'로 구성되어 있지요.
일본은 都(東京都), 道(北海道), 府(京都府・大阪府), 그리고 43개의 県으로 구성되어 있어요.

北海道は何が有名ですか。
<ruby>北<rt>ほっ</rt></ruby><ruby>海<rt>かい</rt></ruby><ruby>道<rt>どう</rt></ruby>は<ruby>何<rt>なに</rt></ruby>が<ruby>有<rt>ゆう</rt></ruby><ruby>名<rt>めい</rt></ruby>ですか。

홋카이도는 무엇이 유명하죠?

각 나라에는 지역마다 특징이 있어요.
어떤 지역에 대해 알아보고 싶을 때는 이렇게 질문하면 돼죠.

🎧 Track **006-1**

吉田（よしだ）　私は北海道です。

李（イ）　へえ。北海道は何が有名ですか。

吉田　ラーメンや、カニですかね。

李　うわぁ、カニ！大好（だいす）きです。

요시다　저는 홋카이도입니다.
이　　　그렇군요. 홋카이도는 무엇이 유명하죠?
요시다　라멘이나 게일까요?
이　　　와아! 게 너무 좋아해요.

🖍 어구

☐ 北海道（ほっかいどう） 홋카이도(지명)　☐ 何（なに） 무엇　☐ 有名（ゆうめい）だ 유명하다　☐ ～や ~랑(여러 개를 열거할 때)

☐ ～ですかね ~인가요?　☐ うわぁ 우왜(놀람, 감탄)

☐ ～なの？ ~한가?(명사 또는 な형용사 뒤에 붙어 의문문을 나타냄)　☐ ～とか ~라든가

☐ ～かな ~인가?(불확실한 사실을 말할 때 사용함)

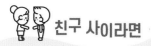 친구 사이라면

吉田 　僕は北海道だよ。 나는 홋카이도야.

李 　へえ。北海道は何が有名なの？ 그렇구나. 홋카이도는 뭐가 유명해?

吉田 　ラーメンとか、カニかな。 라멘이나 게인가?

李 　うわぁ、カニ！大好き。 와아! 게 너무 좋아해.

패턴 익히기로 회화력 **UP!**

패턴 회화 표현

💬 **～は〇〇で有名です** ~은 〇〇으로 유명합니다

● 九州は温泉で有名です。 규슈는 온천으로 유명합니다.

● ここは何で有名ですか。 이곳은 무엇으로 유명합니까?

💬 **～は〇〇の名物です** ~은 〇〇의 명물입니다

● これは大阪の名物です。 이것은 오사카의 명물입니다.

● 京都の名物は何ですか。 교토의 명물은 무엇입니까?

 문화와말 문화를 알면 말이 술~술

라멘 천국 일본

한국 사람도 그렇지만 일본 사람도 라멘을 무척이나 좋아해요. 한국에서는 주로 인스턴트 라면을 먹는데요, 일본은 지역마다 또 가게마다 각각 다른 맛으로 라멘을 손님에게 대접합니다. 라멘의 종류도 많은데요, 그 기본에는 크게 다음 네 가지 라멘이 있어요. 즉 간장을 위주로 맛을 낸 '쇼유라멘', 소금을 위주로 맛을 낸 '시오라멘', 된장을 위주로 맛을 낸 '미소라멘', 돼지 뼈를 우려낸 국물로 맛을 낸 '돈코쓰라멘'이에요.

쇼유라멘

시오라멘

미소라멘

돈코쓰라멘

ご<ruby>兄弟<rt>きょう だい</rt></ruby>は…？

형제 분은…?

어느 정도 친해졌다면 가족 구성원을 물어볼 수도 있겠네요.
상대의 가족 구성을 알게 되면 대화의 폭은 더 넓어지겠죠.

🎧 Track **007-1**

<ruby>吉田<rt>よし だ</rt></ruby>　<ruby>李<rt>イ</rt></ruby>さんは、ご<ruby>兄弟<rt>きょう だい</rt></ruby>は…？

<ruby>李<rt>イ</rt></ruby>　<ruby>妹<rt>いもうと</rt></ruby>がいます。

<ruby>吉田<rt>よし だ</rt></ruby>　<ruby>何歳差<rt>なんさい さ</rt></ruby>ですか。

<ruby>李<rt>イ</rt></ruby>　<ruby>3歳差<rt>さんさい さ</rt></ruby>です。<ruby>吉田<rt>よし だ</rt></ruby>さんは？

<ruby>吉田<rt>よし だ</rt></ruby>　<ruby>私<rt>わたし</rt></ruby>は<ruby>一人<rt>ひとり</rt></ruby>っ<ruby>子<rt>こ</rt></ruby>です。

<ruby>李<rt>イ</rt></ruby>　へえ、そうなんですか。

요시다　이○○ 씨는, 형제 분은…?
이　　　여동생이 있어요.
요시다　몇 살 차이예요?
이　　　세 살 차이예요. 요시다 씨는요?
요시다　저는 외동이에요.
이　　　아, 그러세요?

✏️ **어구**

☐ ご<ruby>兄弟<rt>きょう だい</rt></ruby> 형제분(ご가 붙었으므로 상대의 형제를 높여 부르는 말이 됨)　☐ <ruby>妹<rt>いもうと</rt></ruby> 여동생
☐ <ruby>何歳<rt>なんさい</rt></ruby>・<ruby>何才<rt>なんさい</rt></ruby> 몇 세, 몇 살(나이)　☐ <ruby>差<rt>さ</rt></ruby> 차이　☐ <ruby>3歳<rt>さん さい</rt></ruby> 세 살
☐ <ruby>一人<rt>ひとり</rt></ruby>っ<ruby>子<rt>こ</rt></ruby> 외동(자식이 혼자임)　☐ へえ (감탄 또는 놀람을 나타내는 말) 흠음
☐ そうなんですか 그렇습니까?　☐ よ (종조사) 주장이나 다짐을 나타냄
☐ なの？ (명사에 붙어 의문을 나타냄) ~야? ~니?　☐ そうなんだ 그렇구나

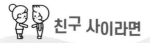 친구 사이라면

吉田	李さんは兄弟は…？ 이○○ 씨는 형제는…?
李	妹がいるよ。 여동생이 있어.
吉田	何歳差なの？ 몇 살 차이야?
李	３歳差だよ。吉田くんは？ 세 살 차이야. 요시다 군은?
吉田	僕は一人っ子だよ。 난 외동이야.
李	へえ、そうなんだ。 어머, 그렇구나.

패턴 회화 표현

패턴 익히기로 회화력 **UP!**

💬 **～とは何歳差ですか** ~와(과)는 몇 살 차이예요?

● 奥様とは何歳差ですか。 사모님과는 몇 살 차이세요?

● お兄さんとは何歳差？ 오빠(형)하고는 몇 살 차이야?

💬 **～人兄弟です。** ~형제(남매)예요.

● 3人兄弟です。 3형제예요.

● 2人兄弟です。 2형제예요.

● 一人っ子です。 외동이에요.

🔷 문화와말 문화를 알면 말이 술~술

형제 중에서 한 살 차이가 나는 것을 가리키는 말은? 정답은 年子입니다. 다음과 같은
대화가 가능하겠네요.

→ A：私、年子の妹がいるの。 난 한 살 차이의 여동생이 있어.
　　B：へえ、年子って喧嘩が多いんじゃない？ 정말? 한 살 차이면 다툼도 많지 않니?
　　A：昔は喧嘩ばかりだったけど、今は仲良しだよ。 예전에는 늘 다투기만 했는데,
　　　지금은 사이 좋아.

好き嫌いありますか。

가리는 음식 있나요?

식사를 함께 한다는 것은 그만큼 친해졌다는 뜻이겠죠.
사람마다 기호가 다르니, 싫어하는 음식을 물어봐 두는 것이 좋겠어요.

🎧 Track **008-1**

吉田　**李さん、好き嫌いありますか。**

李　**うーん、そうですね。あまりない方ですけど…。**

吉田　**何でも食べられますか。**

李　**あ、ちょっと苦手な食べ物はきのこです。**

吉田　**へえ。きのこですか。**

요시다　이○○ 씨, 가리는 음식 있나요?
이　음, 글쎄요. 별로 없는 편인데요….
요시다　무엇이든 먹을 수 있나요?
이　아, 좀 싫어하는 음식은 버섯이에요.
요시다　호오, 버섯 말인가요?

 어구

- ☐ **好き嫌い** 호불호, 좋아함과 싫어함　☐ **あまり** 그다지, 별로　☐ **～方** ~쪽, ~편
- ☐ **何でも** 무엇이든　☐ **食べられる** 먹을 수 있다　☐ **ちょっと** 좀, 조금　☐ **苦手** 잘 못함, 질색임
- ☐ **きのこ** 버섯

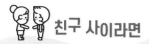 친구 사이라면

吉田　李さん、好き嫌いある？ 이○○ 씨, 가리는 음식 있어?

李　うーん、そうだな…、あまりない方だけど…。
으음, 글쎄…, 별로 없는 편인데….

吉田　何でも食べられるの？ 뭐든지 먹을 수 있어?

李　あ、ちょっと苦手な食べ物はきのこ。 아, 조금 싫어하는 음식은 버섯.

吉田　へえ。きのこか。 호오, 버섯이야?

패턴 회화 표현

패턴 익히기로 회화력 **UP!**

💬 **好きな〜は？** 좋아하는 ~은(는)?

● 好きな作家は？ 좋아하는 작가는?

● 好きなお酒は？ 좋아하는 술은?

💬 **〜が苦手です。** ~을(를) 잘 못해요(안 좋아해요). *조사 が에 주의!

● 辛いものが苦手です。 매운 것을 잘 못 먹어요.

● この香り、苦手です。 이 냄새, 안 좋아해요.

🎑 문화와말 문화를 알면 말이 술~술

먹어 보지도 않고 무턱대고 싫어하는 것을 食わず嫌い라고 해요. 일본에서는 ナマコ(해삼)나 エスカルゴ(에스카르고. 식용 달팽이)가 食わず嫌い의 단골 메뉴라는군요.
예를 들어 ナマコは食わず嫌いです라고 하면, 해삼을 먹어 본 적은 없지만 그냥 먹기 싫다는 뉘앙스를 나타내요.

ナマコ酢(해삼 초무침)

エスカルゴ

가볍게 풀어 보는
셀프 테스트

한국어를 참고하여 공란에 들어갈 일본어 표현을 쓰고 말해 보세요.

01 처음 뵙겠습니다. '김'이라고 합니다.

はじめまして。キム ＿＿＿＿＿＿＿＿＿＿＿。

02 저야말로 감사했습니다.

＿＿＿＿＿＿＿＿＿ ありがとうございました。

03 무엇을 찾으세요?

何_{なに}を ＿＿＿＿＿＿＿＿＿。

04 신촌에 살아요.

シンチョン ＿＿＿＿＿＿＿＿＿。

05 사진을 찍는 것입니다.

写真_{しゃしん}を撮_とる ＿＿＿＿＿＿＿。

06 영어 학원에 다니고 있습니다.

英語塾_{えいごじゅく}に ＿＿＿＿＿＿＿。

07 피부에 좋습니다.

肌_{はだ} ＿＿＿＿＿＿＿。

소리 내어 직접 말해 보고
꼼꼼하게 빈칸에 적어 봐요!

08 여기 와 본 적 있어.

ここ、 _____ 。

09 왠지 단것이 먹고 싶네.

_____ 甘いものが食べたい。

10 규슈는 온천으로 유명합니다.

九州は温泉 _____ 。

11 사모님과는 몇 살 차이세요?

奥様 _____ 。

12 매운 것을 잘 못 먹어요.

辛いもの _____ 。

정답

01 と申します　　02 こちらこそ　　03 お探しですか　　04 に住んでいます
05 ことです　　06 通っています　　07 にいいです　　08 来たことがあるよ
09 なんとなく　　10 で有名です　　11 とは何歳差ですか　　12 が苦手です

お茶しに行きませんか。

차 마시러 안 갈래요?

사람과 사람이 만나기 위해서는 약속이 필요합니다.
무언가를 제안하고 그 제안에 따라 약속을 잡는 표현을 익혀 보세요.

🎧 Track **009-1**

吉田　今度、お茶しに行きませんか。

李　　いいですね。どこか良いお店ありますか。

吉田　はい、駅の近くにおしゃれなカフェがあるんです。

李　　では、そこに行きましょう。

吉田　はい、では、時間は…。

요시다　다음에 차 마시러 안 갈래요?
이　　　좋아요. 어디 좋은 가게 있어요?
요시다　네. 역 근처에 세련된 카페가 있거든요.
이　　　그럼, 거기로 갑시다.
요시다　네. 그럼, 시간은….

📎 어구

- ☐ 今度 지난번, 이번, 다음 번, ☐ お茶しに 차 마시러
- ☐ 行きませんか 가지 않겠습니까? ☐ どこか 어딘가 ☐ 良い 좋다 ☐ お店 가게
- ☐ 駅 역 ☐ 近く 근처, 부근 ☐ おしゃれな 세련된 ☐ カフェ 카페
- ☐ 行きましょう 갑시다 ☐ 時間 시간 ☐ 行かない？ 안 갈래?
- ☐ あるんだ 있어(〜んだ를 붙이면 설명하는 뉘앙스를 준다) ☐ 行こう 가자

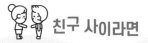 **친구 사이라면**

吉田 今度、お茶しに行かない？ 다음에 차 마시러 안 갈래?

李 いいね。どこか良いお店ある？ 좋지. 어디 좋은 가게 있어?

吉田 うん、駅の近くにおしゃれなカフェがあるんだ。
응. 역 근처에 세련된 카페가 있거든.

李 じゃあ、そこに行こう。 그럼, 거기로 가자.

吉田 うん、じゃあ、時間は…。 응. 그럼, 시간은….

패턴 회화 표현

패턴 익히기로 회화력 **UP!**

💬 **〜に行きませんか** ~하러 안 갈래요?(동사 ます형 + に行きませんか)

● 映画を見に行きませんか。 영화를 보러 안 갈래요?

● 写真を撮りに行きませんか。 사진을 찍으러 안 갈래요?

💬 **〜の近くに** ~근처에

● 家の近くにコンビニがあります。 집 근처에 편의점이 있어요.

● この近くに薬局はありますか。 이 근처에 약국은 있나요?

🗝 **문화와말** 문화를 알면 말이 술~술

한국에는 '감성 카페'라는 것이 있는데요, 일본에는 그런 말이 없어요. 대신 한국에서 한옥을 리모델링하여 찻집으로 꾸미는 것처럼 일본에서도 오래된 민가를 개조한 古民家カフェが 있죠.

古民家 カフェ＆レストラン

약속②

いつにしましょうか。

언제로 할까요?

만나기로 했다면, 다음은 날짜와 시간을 정해야겠죠.
날짜, 요일, 시간과 관련된 표현을 상기하면서 다음 대화를 익혀 보세요.

 Track **010-1**

吉田 いつにしましょうか。

李 来週は空いていますか。

吉田 はい、木曜日の７時が空いています。

李 では、木曜日の７時にしましょう。

吉田 はい。場所は…。

요시다　언제로 할까요?
이　　　다음 주는 비어 있나요?
요시다　네, 목요일 7시가 비어 있어요.
이　　　그럼, 목요일 7시로 합시다.
요시다　네. 장소는….

 어구

☐ いつに 언제로　☐ しましょうか 할까요?　☐ 来週 다음주　☐ 空いていますか 비어 있나요?

☐ しましょう 합시다　☐ 場所 장소　☐ しようか 할까?　☐ しよう 하자

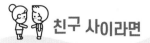 친구 사이라면

吉田	いつにしようか。 언제로 할까?
李	来週は空いている？ 다음 주는 비어 있니?
吉田	うん、木曜日の7時が空いてる。 응, 목요일 7시가 비어 있어.
李	じゃあ、木曜日の7時にしよう。 그럼, 목요일 7시로 하자.
吉田	うん。場所は…。 그래. 장소는….

패턴 익히기로 회화력 **UP!**

패턴 회화 표현

💬 **～は空いていますか** ～는 비어 있나요?

● 今週は空いていますか。 이번 주는 비어 있어요?

● 明日は空いてる？ 내일은 비어 있어?

💬 **～にしましょう** ～로 해요

● 明日10時にしましょう。 내일 10시로 해요.

● スパゲティにしましょう。 스파게티로 해요.

🕊 문화와말 문화를 알면 말이 술~술

만날 약속을 했을 때, 어떤 사람은 시간을 잘 지키고 어떤 사람은 시간을 잘 안 지키죠.
약속 시간을 엄격하게 따지는 사람을 뭐라고 할까요?

● 時間にうるさい人　시간에 엄격한 사람

여기에 쓰인 「～にうるさい」는 다음처럼 다양한 장면에 사용해요.

● ワインにうるさい人　와인을 고를 때 까다로운 사람

● 人の外見にうるさい人　남의 외모에 신경을 많이 쓰는 사람

약속③

改札の前で会いませんか。
개찰구 앞에서 만날까요?

만날 날짜와 시간을 정했다면, 다음은 장소를 정해야겠죠.
어떤 가게에서 무슨 음식을 먹을지 못 정했다면, 대개는 다음처럼 만날 장소를 정해요.

 Track **011-1**

吉田 待ち合わせ場所は…。

李 どうしましょうか。

吉田 改札の前で会いませんか。

李 いいですよ。

吉田 楽しみです。

요시다 만날 장소는….
이 어떻게 할까요?
요시다 개찰구 앞에서 만날까요?
이 좋아요.
요시다 기대되네요.

어구

□ 待ち合わせる (사전에 약속하고) 만나다 □ どうしましょうか 어떻게 할까요?
□ 会いませんか 만나지 않겠습니까? 만날까요? □ いいですよ 좋습니다
□ 楽しみ (좋은 일이 있을 거라는) 기대 □ どうしようか 어떻게 할까?
□ 会わない 안 만날래? 만날까? □ いいよ 좋아 □ ～だな ~인걸(감탄)

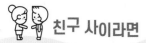 **친구 사이라면**

吉田　待ち合わせ場所は…。 만날 장소는….

李　　どうしようか。 어떻게 할까?

吉田　改札の前で会わない？ 개찰구 앞에서 만날까?

李　　いいよ。 좋아.

吉田　楽しみだな。 기대되는걸.

패턴 회화 표현

패턴 익히기로 회화력 **UP!**

💬 **~で会いませんか** ~에서 만날까요?

- 改札で会いませんか。 개찰구에서 만날까요?

- レストランで会おうか。 레스토랑에서 만날까?

💬 **~(だ)な** ~구나

- 本当においしいな。 정말 맛있구나.

- 日本語が上手だなぁ。 일본어를 잘하는구나.

🕊 **문화와말** 문화를 알면 말이 술~술

일본 도쿄의 약속 장소로는 시부야 역(渋谷駅)의 하치코 상(ハチ公像)이 유명해요.
이 동상은 강아지 모양을 한 것인데요, 이 강아지 이름이 하치(ハチ)랍니다. 이 강아지는 생전에 주인이 귀가할 때 항상 이 역에서 내렸는데, 주인이 죽은 후에도 매일 이 역 앞에서 주인을 기다렸다는 일화가 있어, 충견으로 유명해요.

약속④

10分くらい遅れそうです。
10분 정도 늦을 것 같아요.

약속 시간은 꼭 지켜야 하지만, 조금 늦어지는 일도 있어요.
이럴 땐 늦는다는 사실을 알리고 적절한 조치를 취해야겠죠.

🎧 Track **012-1**

吉田 すみません、10分くらい遅れそうです。

李 あ、わかりました。

吉田 寒いので、カフェに入っていてください。

李 大丈夫です、待ちます。

吉田 ごめんなさい。

요시다 미안해요. 10분 정도 늦을 것 같아요.
이 　　아, 알겠습니다.
요시다 추우니까 카페에 들어가 있어 주세요.
이 　　괜찮습니다. 기다리겠습니다.
요시다 죄송합니다.

✏️어구

- [ ] すみません 미안해요 [ ] くらい 정도, 쯤 [ ] 遅れる 늦다 [ ] 〜そうだ ~할 것 같다
- [ ] わかりました 알겠습니다 [ ] 寒い 춥다 [ ] 〜ので ~이니까, ~이므로
- [ ] 入る 들어가다, 들어오다 [ ] 〜ている ~하고 있다 [ ] 〜てください ~해 주세요
- [ ] 大丈夫 괜찮음 [ ] 待つ 기다리다 [ ] ごめんなさい 미안합니다 [ ] ごめん 미안
- [ ] 〜から ~하니까 [ ] 〜よ (종조사)문장 끝에 붙여 강한 주장을 나타냄
- [ ] 〜ね 문장 끝에 붙여 상대의 동의를 구할 때 쓰는 종조사

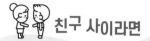

吉田	ごめん、10分くらい遅れそう。 미안, 10분 정도 늦을 것 같아.

吉田　ごめん、10分くらい遅れそう。 미안, 10분 정도 늦을 것 같아.

李　あ、わかった。 아, 알았어.

吉田　寒いから、カフェに入っていて。 추우니까 카페에 들어가 있어.

李　大丈夫、待つよ。 괜찮아. 기다릴게.

吉田　ごめんね。 미안해.

패턴 회화 표현

패턴 익히기로 회화력 **UP!**

💬 **〜くらい遅れそうです** ~정도 늦을 것 같아요

- 15分くらい遅れそうです。 15분 정도 늦을 것 같아요.
- 1時間くらい遅れそう。 1시간 정도 늦을 것 같아.

💬 **〜ていてください** ~하고 있으세요

- 注文していてください。 주문하고 있으세요.
- 先に座っていて。 먼저 앉아 있어.(친한 사이에는 ください를 생략)

🕊 문화와말 문화를 알면 말이 술~술

일본에는 약속한 당일에 갑자기 취소하는 행위를 뜻하는 단어가 있어요. 그만큼 약속을 중요시한다는 뜻이죠. 그래서 일본에서는 10分前行動(10분 전 행동을 취함)가 미덕이라는 말도 있죠. 약속 시간에 늦을 것 같으면 미리미리 연락하여 상대에게 폐를 끼치지 않도록 주의해요.
그런데, 갑자기 약속을 취소하는 행위를 뜻하는 단어는?

• ドタキャン

トイレはどこですか。

화장실은 어디죠?

일상생활에서 모르는 사람에게 가장 많이 하게 되는 질문이 바로 이것 아닐까요?
그밖에 장소를 묻고 답하는 표현을 익혀 봐요.

 Track **013**

📁 シーン①

イ
李　すみません。時計売り場はどこですか。

うけつけ
受付　4階でございます。

　　あちらにエスカレーターがございます。

李　4階ですね。どうも。

📁 シーン②

李　すみません。トイレはどこですか。

てんいん
店員　お手洗いは、ここをまっすぐ行って、
　　右にございます。

李　ありがとうございます。

✏️ 어구
　　　　─────────────────

□ 時計 시계　□ 売り場 매장, 판매하는 곳　□ どこ 어디　□ ~階 (건물의) 층
□ ~でございます (정중어) ~입니다　□ あちら 저쪽　□ エスカレーター 에스컬레이터
□ ございます (정중어) 있습니다(위의 ~でございます와 헷갈리지 않도록 주의!)
□ どうも 고맙습니다, 미안합니다(상황에 따라 양쪽으로 모두 쓰일 수 있음)　□ トイレ 화장실(TOILET)
□ お手洗い 화장실　□ ここ 여기　□ まっすぐ 곧장, 똑바로　□ 行く 가다　□ 右 오른쪽

36

〈SCENE①〉
이　　　실례합니다. 시계 매장은 어디인가요?
안내원　4층입니다. 저쪽에 에스컬레이터가 있습니다.
이　　　4층이군요. 고맙습니다.

〈SCENE②〉
이　　　실례해요. 화장실이 어디죠?
점원　　화장실은 여기로 곧장 가서 오른쪽에 있습니다.
이　　　고마워요.

패턴 회화 표현

패턴 익히기로 회화력 **UP!**

💬 **〜はどこですか** ~은 어디입니까?

● 韓国語のパンフレットはどこですか。 한국어 팸플릿은 어디에 있어요?

● 他の色はどこですか。 다른 색은 어디에 있어요?

💬 **〜にございます** ~에 있습니다

● ２階にございます。 2층에 있습니다.

● こちらにございます。 여기에 있습니다.

문화와 말

문화를 알면 말이 술~술

백화점 지하 매장에 마련된 음식물 코너의 맛있는 음식을 デパ地下グルメ라고 해요. 이런 표현을 만들어 사용하는 걸 보면 그 전통이 오래되고, 맛있는 것들로 채워져 있음을 짐작할 수 있겠네요. 한국의 백화점에도 지하 매장에 음식물 코너를 마련해 놓은 곳이 많죠. 기회가 있으면 양쪽을 비교해 보는 것도 재미있겠네요.
유명한 デパ地下グルメ로, 아래에 두 개만 살짝 소개할게요.

渋千
ケーキサンド

なだ万のお弁当

郵便局はどこですか。
ゆう びん きょく

우체국은 어디죠?

길을 물었는데, 가는 길이 복잡하다면 설명도 길어지죠.
설명을 잘 알아듣기도 여간 어려운 게 아니에요. 길을 묻고 답하는 표현을 익혀 보세요.

🎧 Track **014**

イ 李	すみません、郵便局はどこですか。
つうこうにん 通行人	あぁ、郵便局はこの道をまっすぐ行って、 つきあたりを右に曲がります。 ちょっと行くと、左にありますよ。
李	まっすぐ行って、つきあたりを…？
通行人	はい、つきあたりを右に曲がります。 すると、左にあります。
李	ありがとうございます。

✏️ **어구**

□ **すみません** 실례합니다　□ **郵便局** 우체국　□ **どこ** 어디　□ **この** 이~　□ **道** 길
□ **まっすぐ** 곧장, 똑바로　□ **行って** 가서　□ **つきあたり** 막다른 곳　□ **右** 오른쪽
□ **曲がります** 꺾습니다, 방향을 틉니다　□ **ちょっと** 조금　□ **行くと** 가면　□ **左** 왼쪽
□ **すると** 그러면

이	실례합니다. 우체국은 어디입니까?
행인	아~, 우체국은 이 길을 직진해서 막다른 곳을 오른쪽으로 돌아요.
	조금 가면 왼쪽에 있어요.
이	똑바로 가서 막다른 곳을…?
행인	네, 막다른 곳을 오른쪽으로 돌아요. 그러면 왼쪽에 있어요.
이	고맙습니다.

패턴 회화 표현

💬 **ちょっと～（する）と** 조금 ~(하)면

- ちょっと行くと見えます。 조금 가면 보여요.
- ちょっとお酒を飲むと赤くなります。 조금 술을 마시면 빨개져요.

💬 **～に曲がります** ~로 돌아요

- 左に曲がります。 왼쪽으로 돌아요.
- ここで右に曲がります。 여기서 오른쪽으로 돌아요.

🕊️ 문화와 말 문화를 알면 말이 술~술

한 번 간 길인데도 바로 찾아갈 수 있는 사람이 있는가 하면 몇 번이나 갔어도 잘 못 찾아가는 사람이 있죠. 한국에서는 길눈이 어두운 사람을 '길치'라고 하고 노래를 잘 못 부르는 사람을 '음치'라고 하죠. 끝에 '~치'를 붙이는 예가 많아요. 그럼 일본어로 어떻게 표현할까요?

- 길눈이 어두운 사람은 方向音痴
- 기계를 잘 못 다루는 사람은 機械音痴
- 운동을 잘 못하는 사람은 運動音痴

그러고 보니 한국에서 '~치'라고 표현하는 것을 일본에서는 音痴라고 표현하네요.

ゴールド劇場<ruby>劇場<rt>げきじょう</rt></ruby>までお願<ruby>願<rt>ねが</rt></ruby>いします。

골드 극장까지 부탁합니다.

가르쳐 주는 길을 아무리 들어도 모르겠다면, 그냥 택시를 타는 건 어떨까요?
좀 비싸긴 하지만 길을 잃는 것보다는 낫겠죠. 택시를 탔다면 이렇게 말해 봐요.

 Track **015**

📁 シーン①

李　　　ゴールド劇場<ruby>劇場<rt>げきじょう</rt></ruby>までお願<ruby>願<rt>ねが</rt></ruby>いします。

運転手<ruby>運転手<rt>うんてんしゅ</rt></ruby>　はい。

李　　　すみませんが、少<ruby>少<rt>すこ</rt></ruby>し急<ruby>急<rt>いそ</rt></ruby>いでください。

📁 シーン②

李　　　あ、ここで降<ruby>降<rt>お</rt></ruby>ります。

運転手<ruby>運転手<rt>うんてんしゅ</rt></ruby>　1,540円<ruby>1,540<rt>せんごひゃくよんじゅう</rt></ruby>です。

李　　　ありがとうございました。

✏️ 어구

□ ゴールド 골드　□ 劇場<ruby>劇場<rt>げきじょう</rt></ruby> 극장　□ ～まで ~까지　□ お願<ruby>願<rt>ねが</rt></ruby>いします 부탁합니다
□ すみませんが 죄송하지만, 실례지만　□ 少<ruby>少<rt>すこ</rt></ruby>し 조금　□ 急<ruby>急<rt>いそ</rt></ruby>ぐ 서두르다
□ ～て(で) ください ~해 주세요　□ ここ 여기, 이곳　□ ～で ~에서(장소)
□ 降<ruby>降<rt>お</rt></ruby>りる (탈것에서) 내리다

〈SCENE①〉

이　　　　골드 극장까지 부탁합니다.

운전수　네.

이　　　　죄송한데요, 조금 서둘러 주세요.

〈SCENE②〉

이　　　　아, 여기에서 내릴게요.

운전수　1,540엔입니다.

이　　　　고맙습니다.

패턴 회화 표현

패턴 익히기로 회화력 **UP!**

💬 **〜までお願(ねが)いします** ~까지 부탁합니다

● ホテルオークラまでお願(ねが)いします。 호텔 오쿠라까지 부탁합니다.

● 渋谷駅(しぶやえき)の西口(にしぐち)までお願(ねが)いします。 시부야 역 서쪽 출구까지 부탁합니다.

💬 **〜で降(お)ります** ~에서 내릴게요

● 入口(いりぐち)で降(お)ります。 입구에서 내릴게요.

● 店(みせ)の前(まえ)で降(お)ります。 가게 앞에서 내릴게요.

🦢 문화와말   문화를 알면 말이 술~술

여러분은 택시를 잡을 때 손을 드시나요? 아니면 아래 쪽
으로 내리시나요? 사람마다 조금씩 차이가 있는 것 같아
요. 일본에서는 손을 들어 택시를 잡습니다.
여러분이 일본에서 택시를 탄다면, 택시가 앞에 와서 섰
을 때 문을 열지 마세요. 일본은 택시 문이 자동으로 열
리거든요. 자동으로 열리는 문과 그 문을 열려고 무심결

에 뻗은 손이 절묘한 타이밍에 부딪힌다면 손을 다칠 수도 있으니 주의하세요.
물론 택시에서 내렸을 때도 문은 자동으로 닫히므로, 굳이 닫을 필요가 없다는 사실도
알아 두세요.

전철 이용하기①

これは渋谷に行きますか。

이것은 시부야에 가나요?

일상생활에서 대부분의 이동 수단은 대중교통이죠.
일본이라면 전철을 이용하는 것이 가장 편합니다.
전철 이용 시 필요한 표현들을 익혀 봐요.

 Track **016**

📁 シーン①

イ
李 すみません。これは渋谷に行きますか。

えきいん
駅員 あ、渋谷は反対側です。2番ホームですよ。

李 ありがとうございます。

📁 シーン②

李 すみません。浅草は何線ですか。

駅員 浅草は銀座線に乗ってください。

李 どうも。

✏️ 어구

☐ 渋谷 시부야(일본의 수도 도쿄에 있는 지명으로, 쇼핑몰, 백화점이 많고, 패션의 중심지)
☐ 反対 반대 ☐ ～側 ~쪽, ~측 ☐ ホーム 플랫폼(platform)
☐ 浅草 아사쿠사(도쿄에서 역사와 전통이 살아 있고, 서민의 소박함도 공존하는 대표적인 관광지)
☐ 何線 무슨 노선(전철의 노선을 묻는 말) ☐ 銀座線 긴자선(도쿄 전철의 한 노선)
☐ 乗る (탈것을) 타다

〈SCENE①〉

이　　　실례합니다. 이건 시부야에 가나요?

역원　　아, 시부야는 반대편입니다. 2번 홈입니다.

이　　　고맙습니다.

〈SCENE②〉

이　　　실례합니다. 아사쿠사는 무슨 선이죠?

역원　　아사쿠사는 긴자선을 타세요.

이　　　고맙습니다.

패턴 회화 표현

패턴 익히기로 회화력 UP!

💬 **～に行きますか** ～로 갑니까?

● これは新宿に行きますか。이건 신주쿠로 갑니까?

● これは東京大学に行きますか。이건 도쿄대학으로 갑니까?

💬 **～は何線ですか** ～는 무슨 선이에요?

● 新宿は何線ですか。신주쿠는 무슨 선이에요?

● 渋谷は何線ですか。시부야는 무슨 선이에요?

🕊 문화와말 문화를 알면 말이 술~술

한국은 서울, 인천, 부산, 대구, 대전, 광주 등지에 지하철(전철)이 운행 중이며, 대개는 1호선, 2호선, 3호선 식으로 이름이 붙어 있죠.

일본은 마루노우치선(丸の内線), 야마노테선(山手線), 긴자선(銀座線) 등 한국에서 사용하는 이름과는 다른 형태의 이름을 사용해요.

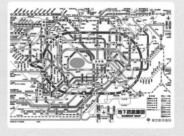

山手線に乗り換えです。

やまのてせん　　　　　　　の　　か

야마노테선으로 갈아타요.

일본의 수도 도쿄의 전철 노선은 복잡하기로 유명하죠.
그래서 환승 노선을 찾는 데 어려움을 겪는 사람도 많다네요.
환승 시 필요한 대화를 익혀 볼까요.

 Track **017**

📁 シーン①

李　すみません。原宿に行きたいんですけど。

駅員　原宿は、銀座線に乗って、渋谷で山手線に乗り換えです。

李　渋谷で乗り換えですね。どうも。

📁 シーン②

李　すみません。ここから渋谷までは何駅ですか。

駅員　5駅ですよ。

李　どうも。

✏ 어구

☐ 原宿 하라주쿠(젊은이들의 패션 거리로 유명한 도쿄의 한 지역)　☐ 行く 가다

☐ ～たい (동사에 붙어) ~하고 싶다

☐ ～んです 문장을 마칠 때, 앞에 ん이 오면 강조하는 느낌을 준다

☐ ～けど (문장 뒤에 붙어) ~하지만　☐ 乗る (탈것을) 타다

☐ 山手線 야마노테선(일본의 전철 노선 중 하나)　☐ 乗り換え 환승, 갈아타기　☐ ここ 이곳, 여기

☐ ～から～まで ~부터 ~까지　☐ 何駅 몇 역(역의 수를 묻는 말)　☐ 5駅 다섯 역

<SCENE①>

이　　실례합니다. 하라주쿠에 가고 싶은데요.

역원　하라주쿠는 긴자선을 타고 시부야에서 야마노테선으로 환승입니다.

이　　시부야에서 환승이군요. 고맙습니다.

<SCENE②>

이　　실례합니다. 여기에서 시부야까지는 몇 역인가요?

역원　다섯 역이에요.

이　　고맙습니다.

패턴 익히기로 회화력 **UP!**

패턴 회화 표현

💬 **～に行きたいんですけど** ~로 가고 싶은데요

● **新大阪に行きたいんですけど。** 신오사카로 가고 싶은데요.

● **神戸に行きたいんですけど。** 고베로 가고 싶은데요.

💬 **～まで何駅ですか** ~까지 몇 역이에요?

● **原宿まで何駅ですか。** 하라주쿠까지 몇 역이에요?

● **上野まで何駅ですか。** 우에노까지 몇 역이에요?

✿ 무슨 역이냐고 역 이름을 물을 때는 何駅(한자 읽기 주의), どの駅, 何という駅 등의 말을 사용해요.

🐦 문화와 말　문화를 알면 말이 술~술

일본은 한국과 비교해 훨씬 많은 전철 노선을
가지고 있어요. 전철의 종류도 급행, 특급 등
이 잘 배치되어 있죠. 그 중에서 한국에 없는
특별한 운행 종류가 있네요. 그것은 바로 통근
특급(通勤特急)이라는 전철이에요. 출근 시간
에 직장인들이 많이 이용하는 역에만 정차하
는 시스템이죠.

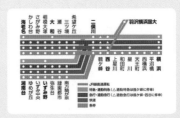

전철 이용하기③

わからないので、手伝って<ruby>手伝<rt>て つだ</rt></ruby>ください。

잘 모르겠는데, 도와주세요.

모른다는 사실보다는 모르면서도 안 물어보는 게 더 창피한 일이죠.
특히 타국 생활에서는 물어보는 것이 가장 빠른 해결 방법이에요.

🎧 Track **018**

📁 シーン①

李 あの、パスモをチャージしたいんですけど。

駅員 チャージはこの機械でできますよ。

李 すみません、ちょっとわからないので、手伝って
ください。

駅員 はい。ボタンを押して…。

📁 シーン②

李 スカイツリーに行きたいんですけど。

駅員 スカイツリーはＢ３出口かＡ２出口ですよ。

李 どっちが近いですか。

駅員 ここからだと、Ｂ３出口ですね。

✏ 어구

☐ パスモ 파스모(PASMO. 일본의 교통카드) ☐ チャージ 충전(charge) ☐ 機械 기계
☐ わからない 모르다 ☐ 〜ので ~이므로, ~이니까 ☐ 手伝う 돕다 ☐ ボタン 버튼(button)
☐ 押す 누르다 ☐ スカイツリー 스카이트리(sky tree. 도쿄에 있는 세계에서 제일 높은 전파탑)
☐ 出口 출구 ☐ どっち 어느쪽 ☐ 近い 가깝다 ☐ 〜と ~라면

〈SCENE①〉

이   저기요, 파스모를 충전하고 싶은데요.

역원   충전은 이 기계에서 할 수 있어요.

이   죄송해요. 좀 모르니까 도와주세요.

역원   네, 버튼을 누르고….

〈SCENE②〉

이   스카이트리에 가고 싶은데요.

역원   스카이트리는 B3 출구나 A2 출구입니다.

이   어느 쪽이 가깝나요?

역원   여기에서라면 B3 출구네요.

패턴 회화 표현

패턴 익히기로 회화력 UP!

💬 **～たいんですけど** ～고 싶은데요(ます형＋たいんですけど)

- 荷物を預けたいんですけど。 짐을 맡기고 싶은데요.

- バスに乗りたいんですけど。 버스를 타고 싶은데요.

💬 **どっちが～ですか** 어느 쪽이 ～예요, (아/어)요?

- どっちが人気ですか。 어느 쪽이 인기예요?

- どっちがおいしいですか。 어느 쪽이 맛있어요?

문화와말 문화를 알면 말이 술~술

일본에도 한국처럼 교통카드가 있어요. 그 대표적인 것이 스이카(Suica)와 파스모 (PASMO)죠. 카드 구입비는 500엔이고, 요금을 충전해서 사용해요. 충전된 금액은 교통 비뿐만 아니라 편의점 등에서 물건을 구입할 수도 있어요.

 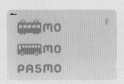

２番乗り場ですよ。

2번 승차장이에요.

가장 대중적인 교통수단인 지하철을 이용했다면 이번엔 버스도 이용해 봐요.
버스를 이용할 때는 한국과 다른 점도 많으니 문화 정보도 참고하면 좋겠네요.

Track **019**

📁 シーン①

李　これは金閣寺行きですか。

運転手　いいえ、金閣寺は２番乗り場ですよ。

李　バス停は…。

運転手　後ろの方にありますよ。

📁 シーン②

李　次のバスは何分後ですか。

乗客　たぶん10分以内に来ますよ。

李　バスは何分間隔ですか。

乗客　平日は約10分間隔、休日は15分間隔です。

✏️ 어구

☐ 金閣寺 금각사(교토에 있는 유명한 절)　☐ ~行き ~행　☐ ~番 ~번　☐ 乗り場 승차장
☐ バス停 버스 정류장　☐ 後ろ 뒤, 후방　☐ 方 쪽　☐ 次 다음　☐ 何分 몇 분　☐ たぶん 아마
☐ 以内 이내　☐ 間隔 간격　☐ 平日 평일　☐ 休日 휴일

〈SCENE①〉

이 　　이건 금각사 행인가요?

운전수 　아니요, 금각사는 2번 승차장이에요.

이 　　버스 정류장은….

운전수 　뒤쪽에 있어요.

〈SCENE②〉

이 　　다음 버스는 몇 분 후죠?

승객 　아마 10분 이내에 올 거예요.

이 　　버스는 몇 분 간격인가요?

승객 　평일은 약 10분 간격, 휴일은 15분 간격입니다.

패턴 회화 표현

〜の方にありますよ ~쪽에 있어요

- 駅はあっちの方にありますよ。 역은 저쪽에 있어요.

- ホテルは南口の方にありますよ。 호텔은 남쪽 출구 쪽에 있어요.

〜後 ~후

- 次のバスは２０分後です。 다음 버스는 20분 후예요.

- １時間後に出発しましょう。 1시간 후에 출발합시다.

문화와 말 문화를 알면 말이 술~술

도쿄 등 대도시의 균일 운임 지역의 경우에는 버스 이용 방법이
한국과 비슷해요. 그러나 시내 중심을 벗어나거나 지방 노선의
거리제 운임 지역에서는 버스 이용 방법이 조금 달라요.

- 승차 시: 현금일 때는 정리권을 뽑고, 교통 카드일 때는 단말기
  에 태그해요.
- 하차 시: 현금일 때는 정리권과 현금을 정리권 기계 투입구에
  넣고, 교통 카드일 때는 단말기에 태그하여 계산해요.

일본의 버스는 주행 중에 일어나면 안 되고, 하차 할 때도 버스가
완전히 멈춘 후에 일어나야 해요. 버스 주행 속도도 한국보다 느
리기 때문에 처음 타 보신 분이라면 놀라실 수도 있어요.

한국어를 참고하여 공란에 들어갈 일본어 표현을 쓰고 말해 보세요.

01 영화를 보러 안 갈래요?

映画を見 _____ 。

02 스파게티로 해요.

スパゲティ _____ 。

03 개찰구에서 만나지 않을래요?

改札 _____ 。

04 15분 정도 늦을 것 같아요.

15分 _____ 。

05 다른 색은 어디에 있어요?

他の色は _____ 。

06 조금 가면 보여요.

_____ 行く _____ 見えます。

07 시부야역 서쪽 출구까지 부탁합니다.

渋谷駅の西口 _____ 。

소리 내어 직접 말해 보고
꼼꼼하게 빈칸에 적어 봐요!

08 이건 신주쿠로 갑니까?

これは新宿　　　　　　　　　　　　　　。

09 고베로 가고 싶은데요.

神戸　　　　　　　　　　　　　　。

10 버스를 타고 싶은데요.

バスに乗り　　　　　　　　　　　　　　。

11 역은 저쪽에 있어요.

駅はあっち　　　　　　　　　　　　　　。

12 1시간 후에 출발해요.

1時間　　　　　　　　　　　　　　に出発しましょう。

ご飯は少なめで。

はん　　すく

밥은 적게 (주세요).

금강산도 식후경. 식사를 하러 음식점에 들어갔어요.
무엇을 주문하고 먹어야 할지 모르겠다면, 아래의 대화를 통해 알아보세요.

🎧 Track **020**

📁 シーン①

李　こんにちは。やっていますか。

店員　はい、どうぞ。

李　メニューもらえますか。

📁 シーン②

李　おすすめは何ですか。
　　　　　　　　　　なん

店員　日替わり定食です。今日はとんかつです。
　　　ひ　が　　ていしょく　　　きょう

李　じゃあそれ、お願いします。あと、ご飯は少なめで。
　　　　　　　　　ねが　　　　　　　　　はん　すく

店員　はい、お待ちください。
　　　　　　　　ま

✏️ **어구**

☐ **やっていますか** 하고 있나요? 한국 식으로 표현하면 '지금 식사 돼요?'　☐ **どうぞ** 들어오세요
☐ **メニュー** 메뉴　☐ **もらえますか** 받을 수 있어요?(주세요)　☐ **おすすめ** 추천
☐ **日替わり** 매일 바뀌는　☐ **定食** 정식　☐ **とんかつ** 돈가스　☐ **じゃあ** 그럼
ひ　が　　　　　　　　　ていしょく
☐ **お願いします** 부탁합니다　☐ **あと** 그리고(하나를 주문하고 이어서 또 주문할 때)　☐ **ご飯** 밥
ねが　　　　　　　　　　　　　　　　　　　　　　　　　　　　　　　　　　はん
☐ **少なめ** 적은 정도　☐ **お待ちください** 기다려 주세요
すく　　　　　　　　　　ま

〈SCENE①〉

이 　　안녕하세요. 지금 식사 되나요?

점원 　네, 들어오세요.

이 　　메뉴 좀 주세요.

〈SCENE②〉

이 　　추천 요리는 뭐예요?

점원 　오늘의 정식입니다. 오늘은 돈가스예요.

이 　　그럼, 그거 주세요. 그리고 밥은 적게요.

점원 　네, 기다려 주세요.

패턴 익히기로 회화력 **UP!**

패턴 회화 표현

💬 **～もらえますか** ~주실 수 있나요?(~주시겠어요?)

● 取り皿もらえますか。 앞접시 주시겠어요?

● お湯、もらえますか。 따뜻한 물 주시겠어요?

💬 **～め** ~정도

● スープは濃いめが好きです。 수프는 진한 걸 좋아합니다.

● 前髪は短めにしてください。 앞머리는 약간 짧게 해 주세요.

🕊️ 문화와말 문화를 알면 말이 술~술

일반적인 일본의 음식점에서 파는 정식은 밥과 된장국, 그리고 메인 요리에 밑반찬이 딸려 나와요. 밑반찬은 조금씩만 제공되는데, 대체로 장아찌(漬物)와 시금치 무침, 우엉무침 등 야채 절임 정도예요.

ご<ruby>注文<rt>ちゅうもん</rt></ruby>はお<ruby>決<rt>き</rt></ruby>まりですか。

주문은 정하셨나요?

식사를 하러 레스토랑에 들어갔다면 그 다음은 한국과 큰 차이는 없어요.
코스를 선택하고 메인 요리를 정한 후, 후식을 정하면 되겠죠.

<ruby>店員<rt>てんいん</rt></ruby> ご<ruby>注文<rt>ちゅうもん</rt></ruby>はお<ruby>決<rt>き</rt></ruby>まりですか。

<ruby>李<rt>イ</rt></ruby> はい、<ruby>A<rt>エー</rt></ruby> コースで。

<ruby>店員<rt>てんいん</rt></ruby> メインディッシュに、お<ruby>肉<rt>にく</rt></ruby>かお<ruby>魚<rt>さかな</rt></ruby>が<ruby>選<rt>えら</rt></ruby>べます。

<ruby>李<rt>イ</rt></ruby> お<ruby>肉<rt>にく</rt></ruby>で。

<ruby>店員<rt>てんいん</rt></ruby> お<ruby>飲<rt>の</rt></ruby>み<ruby>物<rt>もの</rt></ruby>は？

<ruby>李<rt>イ</rt></ruby> <ruby>紅茶<rt>こうちゃ</rt></ruby>で。

<ruby>店員<rt>てんいん</rt></ruby> <ruby>食前<rt>しょくぜん</rt></ruby>、<ruby>食後<rt>しょくご</rt></ruby>が<ruby>選<rt>えら</rt></ruby>べます。

<ruby>李<rt>イ</rt></ruby> <ruby>食後<rt>しょくご</rt></ruby>にお<ruby>願<rt>ねが</rt></ruby>いします。

어구

- [ ] ご<ruby>注文<rt>ちゅうもん</rt></ruby> 주문　[ ] お<ruby>決<rt>き</rt></ruby>まり 결정　[ ] コース 코스　[ ] メインディッシュ 메인 요리
- [ ] お<ruby>肉<rt>にく</rt></ruby> 고기　[ ] お<ruby>魚<rt>さかな</rt></ruby> 생선　[ ] <ruby>選<rt>えら</rt></ruby>べます 고를 수 있습니다　[ ] お<ruby>飲<rt>の</rt></ruby>み<ruby>物<rt>もの</rt></ruby> 음료　[ ] <ruby>紅茶<rt>こうちゃ</rt></ruby> 홍차
- [ ] <ruby>食前<rt>しょくぜん</rt></ruby> 식전　[ ] <ruby>食後<rt>しょくご</rt></ruby> 식후

점원	주문은 정하셨나요?
이	네, A 코스요.
점원	메인 요리로 고기나 생선을 고를 수 있어요.
이	고기로요.
점원	음료는요?
이	홍차요.
점원	식전, 식후를 선택할 수 있습니다.
이	식후에 부탁해요.

패턴 회화 표현

💬 **お決まりですか** 정하셨나요?

- お飲み物お決まりですか。 음료수는 정하셨나요?

- お席お決まりですか。 자리는 잡으셨나요?

💬 **食後（食前）にお願いします** 식사 후(식사 전)에 부탁해요

- コーヒーは食後にお願いします。 커피는 식사 후에 부탁해요.

- アイスティー、食前にお願いします。 아이스티는 식사 전에 부탁해요.

문화와말 문화를 알면 말이 술~술

한국은 모든 음식점 안에서 흡연이 금지되어 있지만, 일본은 흡연이 가능한 음식점이나 커피숍이 있어요. 그래서 음식점이나 커피숍에 들어가면 흡연(喫煙), 금연(禁煙)이라고 구분되어 있는 모습을 흔히 볼 수 있죠.

アメリカンください、ホットで。

아메리카노 주세요. 뜨거운 걸로요.

커피를 주문하러 커피숍에 들르면 꼭 선택하게 되는 네 가지가 있어요.
커피 종류, 핫인지 아이스인지, 사이즈. 거기에 테이크아웃 여부도 포함돼죠.

 Track **022**

店員^{てんいん}　いらっしゃいませ。

李^イ　アメリカンください、ホットで。

店員　ホットのアメリカンですね。

　　　こちらでお召^めし上^あがりですか。

李　テイクアウトで。

店員　サイズはいかがしますか。

李　トールで。

店員　以上^{いじょう}でよろしいでしょうか。

李　はい。

✏️ **어구**

☐ いらっしゃいませ 어서 오세요　☐ こちら 이쪽　☐ お召^めし上^あがり 드심
☐ テイクアウト 포장하여 가지고 감, 테이크아웃　☐ ホット 핫(뜨거운 것)
☐ アメリカン 아메리카노　☐ サイズ 사이즈　☐ トール 톨(tall)　☐ 以上^{いじょう}で 이상으로
☐ よろしいですか 괜찮습니까?

점원　어서 오세요.

이　아메리카노 주세요, 뜨거운 걸로요.

점원　뜨거운 아메리카노요. 여기에서 드실 건가요?

이　테이크아웃이요.

점원　사이즈는 어떻게 하시겠어요?

이　톨로요.

점원　이상으로 괜찮으시겠어요?

이　네.

패턴 회화 표현

💬 **ホット/アイス (の)**　뜨거운/차가운

● ホットのカフェモカください。뜨거운 카페모카 주세요.

● アイスのハーブティーありますか。아이스 허브티 있나요?

💬 **こちらでお召し上がりですか**　여기에서 드실 건가요?

● 店内ご利用ですか。가게를 이용하실 건가요?

● お持ち帰りですか。포장해 가시겠어요?

🕊 문화와말　문화를 알면 말이 술~술

한국과 일본은 커피 용어와 발음에 약간의 차이가 있어요. 다음을 참고하세요.

아메리카노
アメリカン

카페라떼
カフェ・ラテ

디카페인
カフェインレス

ダブルチーズバーガーセットください。

더블 치즈 버거 세트 주세요.

햄버거 가게에 들어가도 몇 가지 선택해야 할 것이 꼭 있어요.
종류도 많고 신상품도 있으니 주문 전에 미리 정해 두는 것이 좋죠.

🎧 Track **023**

店員　いらっしゃいませ。

　　　こちらでお召し上がりですか。

李　　はい。ダブルチーズバーガーセットと、

　　　単品でアップルパイください。

店員　セットのドリンクは？

李　　コーラで。サイズをＬに変更で。

店員　追加料金50円ですが、よろしいですか。

李　　はい。

✏️ 어구

☐ こちらで 여기에서　☐ お召し上がりですか 드시겠습니까?
☐ ダブルチーズバーガー 더블치즈버거　☐ セット 세트　☐ 単品 단품　☐ ドリンク 음료
☐ コーラ 콜라　☐ サイズ 사이즈　☐ 変更 변경　☐ 追加料金 추가 요금

점원	어서 오세요. 여기에서 드실 건가요?
이	네, 더블 치즈 버거 세트와 단품으로 애플 파이 주세요.
점원	세트 음료는요?
이	콜라요. 사이즈를 라지(L)로 변경해서요.
점원	추가 요금 50엔입니다만, 괜찮으세요?
이	네.

패턴 회화 표현

💬 **単品で～ください** 단품으로 ~ 주세요

- **単品でナゲットください。** 단품으로 너겟 주세요.
- **単品でコーヒーください。** 단품으로 커피 주세요.

💬 **サイズを～に変更で** 사이즈는 ~로 변경해서요

- **サイズをSに変更で。** 사이즈는 S로 변경해서요.
- **サイズをLに変更で。** 사이즈는 L로 변경해서요.

🕊️ 문화와 말 문화를 알면 말이 술~술

일본에서 유명한 햄버거점 하면 다음과 같은 것들이 있네요.

모스버거
モスバーガー

맥도날드
マクドナルド

롯데리아
ロッテリア

버거킹
バーガーキング

한편, 치킨집이 한국처럼 흔하지 않고, 치킨 하면 KFC 정도죠. 일본인에게 KFC라고 하면 잘 모르고, ケンタッキー(켄터키)라고 해야 알아들어요.

辛味噌ラーメンお願いします。
からみそ　　　　　　　　　　　ねが

매운 미소라멘 주세요.

서민의 음식 하면 역시 라면이죠. 일본에서는 라-멘이라고 불러요.
지방마다 가게마다 재료, 면발, 국물맛 등이 달라 골라 먹는 재미도 톡톡해요.

Track **024**

店員　いらっしゃいませ。
てんいん

李　辛味噌ラーメン、野菜と味玉を追加で。
イ　からみそ　　　　　やさい　あじたま　ついか

　　あと、ギョーザお願いします。
　　　　　　　　　　　　ねが

店員　麺の固さと、スープの濃さは？
てんいん　めん　かた　　　　　　こ

李　やわらかめで。スープは薄めで。
イ　　　　　　　　　　　　　うす

　　あと、お水を…。
　　　　　みず

店員　すみません、お水はセルフサービスです。
てんいん　　　　　　　みず

　　あちらです。

✏ 어구

□ 辛味噌 매운 된장　□ 野菜 채소　□ 味玉 간장 소스에 삶은 달걀을 담근 것. 味付き卵의 준말
　からみそ　　　　　　やさい　　　　　あじたま　　　　　　　　　　　　　　あじつ　たまご

□ ギョーザ 만두　□ 麺 면　□ 固さ (면의) 익힌 정도, 강도　□ スープ 수프　□ 濃さ 짙은 정도
　　　　　　　　　めん　　　かた　　　　　　　　　　　　　　　　　　　　こ

□ やわらかめ 약간 부드럽게　□ 薄め 농도가 옅음, 약한 맛　□ お水 물
　　　　　　　　　　　　　　うす　　　　　　　　　　　　　　みず

점원	어서 오세요.
이	매운 미소라멘, 채소와 계란 추가로요. 그리고 만두 부탁해요.
점원	면의 강도와 수프의 농도는요?
이	부드러운 걸로요. 수프는 약하게요. 그리고 물을….
점원	죄송하지만, 물은 셀프예요. 저쪽입니다.

패턴 회화 표현

패턴 익히기로 회화력 UP!

💬 **～追加で** ~추가요

● ライス追加で。 밥 추가요.

● チャーシュー追加で。 차슈(돼지고기) 추가요.

💬 **～はセルフサービスです** ~은 셀프예요

● お茶はセルフサービスです。 차는 셀프예요.

● ご飯のおかわりはセルフサービスです。 밥 추가는 셀프예요.

🦢 문화와말 문화를 알면 말이 술~술

라멘을 주문할 때는 다양한 토핑도 함께 주문할 수 있어요. 토핑의 종류로는 다음과 같은 것들이 있네요.

김(のり), 파(ねぎ), 돼지고기(チャーシュー), 달걀(たまご), 죽순무침(メンマ), 미역(わかめ), 시금치(ほうれんそう), 숙주(もやし)

그리고 라멘을 주문해서 먹었는데, 양이 모자라 면을 더 넣어 먹고 싶다면 이렇게 말해 보세요.

● かえだま、お願いします。 면 추가 부탁해요.

| たまご | もやし | チャーシュー | かえだま |

個室は予約でいっぱいで…。

<ruby>個<rt>こ</rt></ruby><ruby>室<rt>しつ</rt></ruby>は<ruby>予<rt>よ</rt></ruby><ruby>約<rt>やく</rt></ruby>でいっぱいで…。

개인실은 예약이 꽉 차서요….

여행을 갔다가 술집에 들렀는데, 손님이 많다면
자리를 잡는 데도 몇 번의 대화를 주고받아야 하는 상황도 있겠네요.

🎧 Track **025**

<ruby>店員<rt>てんいん</rt></ruby> いらっしゃいませ。<ruby>何名様<rt>なんめいさま</rt></ruby>ですか。

李 <ruby>4人<rt>よにん</rt></ruby>です。

<ruby>店員<rt>てんいん</rt></ruby> <ruby>喫煙席<rt>きつえんせき</rt></ruby>、<ruby>禁煙席<rt>きんえんせき</rt></ruby>があります。

李 <ruby>禁煙席<rt>きんえんせき</rt></ruby>で。<ruby>個室<rt>こしつ</rt></ruby>ありますか。

<ruby>店員<rt>てんいん</rt></ruby> すみません、<ruby>個室<rt>こしつ</rt></ruby>は<ruby>予約<rt>よやく</rt></ruby>でいっぱいで…、

カウンター<ruby>席<rt>せき</rt></ruby>とテーブル<ruby>席<rt>せき</rt></ruby>、

どちらがよろしいですか。

李 テーブル<ruby>席<rt>せき</rt></ruby>で。

禁煙席
No smoking.
Thank you!

✏️ **어구**

□ <ruby>何名様<rt>なんめいさま</rt></ruby> 몇 분　□ <ruby>喫煙席<rt>きつえんせき</rt></ruby> 흡연석　□ <ruby>禁煙席<rt>きんえんせき</rt></ruby> 금연석　□ <ruby>個室<rt>こしつ</rt></ruby> 개인실, 별실

□ いっぱい 가득 참. 여기서는 예약이 다 찼다는 뜻

□ カウンター<ruby>席<rt>せき</rt></ruby> 카운터석. 주방 주위에 앉도록 마련된 자리　□ テーブル<ruby>席<rt>せき</rt></ruby> 테이블석

□ どちら 어느쪽　□ よろしい 좋다

점원	어서 오세요. 몇 분이세요?
이	네 명이에요.
점원	흡연석, 금연석이 있습니다.
이	금연석으로요. 개인실 있나요?
점원	죄송합니다. 개인실은 예약으로 꽉 차서…, 카운터석과 테이블석, 어느쪽이 좋으시겠어요?
이	테이블석으로요.

패턴 회화 표현

패턴 익히기로 회화력 **UP!**

💬 **～名様ですか** ~분인가요?
- 1名様ですか。 한 분인가요?
- 2名様ですか。 두 분인가요?

💬 **～でいっぱいで** ~으로 꽉 차서
- 部屋がものでいっぱいで。 방이 물건으로 꽉 차서.
- 会場は人でいっぱいでした。 회장은 사람으로 가득했습니다.
- 感謝の気持ちでいっぱいです。 감사의 마음으로 벅찹니다.

🕊 문화와 말 문화를 알면 말이 술~술

여행을 갈 때면 흔히 맛집을 검색해서 가곤 하는데요, 대개 맛집이라는 곳은 손님으로 붐비게 마련이죠. 어렵게 찾아간 맛집이 손님으로 꽉 찼다면, 이름(名前), 인원수(人数), 흡연 여부(喫煙・禁煙), 좌석(カウンター席・テーブル席) 등을 적는 종이가 있으므로, 거기에 위의 사항 등을 적고 기다리면 됩니다.

とりあえず生を３つ。

우선은 생맥주 세 잔이요.

자리를 잡았다면 이제 주문을 할 시간이네요.
일단은 시원한 생맥주 세 잔부터 주문하고 안주는 천천히 골라 볼까요?

 Track **026**

店員　こちらお通しです。ご注文は？

李　　この飲み放題コースをお願いします。

店員　２時間制となっていますが、大丈夫ですか。

李　　はい。とりあえず生を３つと、

　　　ノンアルコールビール１つで。

店員　かしこまりました。

어구

□ お通し 술집에서 기본으로 나오는 음식　□ 飲み放題 정해진 시간 동안 마음껏 마실 수 있는 요금제
□ コース 코스　□ 時間制 시간제　□ 大丈夫 괜찮음　□ とりあえず 아무튼, 우선은
□ 生 생맥주(生ビール)를 줄여 부르는 말　□ ノンアルコールビール 무알코올 맥주
□ かしこまりました 알겠습니다

점원	여기 기본 안주예요. 주문은요?
이	이 무한리필 코스 부탁해요.
점원	2시간제입니다만, 괜찮으시겠어요?
이	네, 우선은 생맥주 세 잔하고 무알코올 맥주 하나요.
점원	알겠습니다.

패턴 회화 표현

패턴 익히기로 회화력 **UP!**

💬 **동사 ます형 + 放題**(ほうだい) 무제한으로 ~할 수 있다

● スイーツ食(た)べ放題(ほうだい)に行(い)きませんか。 디저트 뷔페에 가지 않겠어요?

● 無料(むりょう)で映画(えいが)が見放題(みほうだい)です。 무료로 영화를 맘껏 볼 수 있어요.

💬 **とりあえず** 우선은, 일단은

● とりあえず生(なま)で。 우선은 생맥주요.

● とりあえず先(さき)に注文(ちゅうもん)をしましょう。 일단은 먼저 주문을 합시다.

🕊 문화와 말

문화를 알면 말이 술~술

일본의 술집에 들어가 자리를 잡으면 お通(とお)し라고 해서 바로 안주가 제공돼요. 한국처럼 무료는 아니죠. 300엔~500엔 정도 한답니다. 그런데 이걸 당연한 것으로 받아들여야 하느냐 하면 꼭 그렇지도 않아요. 기본으로 나오는 お通(とお)し가 싫다면 다음처럼 말하며 거절할 수도 있어요.

● すみません、お通(とお)しは大丈夫(だいじょうぶ)です。
　미안하지만, 안주는 됐어요.

待ち時間はどれくらいですか。
기다리는 시간은 어느 정도죠?

맛있는 음식을 먹기 위해 유명한 음식점에 가면 줄을 서야 하는 경우가 있어요.
줄이 길고 얼마나 기다려야 하는지 모르겠다면 이렇게 물어보세요.

 Track **027**

店員	いらっしゃいませ。
	いま、ちょっと混んでいて…。
李	待ち時間はどれくらいですか。
店員	大体、1時間くらいです。
李	うわぁ。吉田さん、どうしましょう。
吉田	せっかく来たし、待ちませんか。
李	そうですね。おなかぺこぺこです。

어구

☐ ちょっと 조금　☐ 混んでいて 밀려 있어서　☐ 待ち時間 기다리는 시간
☐ どれくらい 어느 정도　☐ 大体 대체로, 대강　☐ どうしましょう 어떻게 할까요?
☐ せっかく 모처럼　☐ 来たし 왔으니　☐ 待ちませんか 기다리지 않을래요?
☐ そうですね 그렇죠　☐ おなか 배(신체)　☐ ぺこぺこ 배가 고픈 모양

점원   어서 오세요. 지금 좀 밀려 있어서요….

이   기다리는 시간은 어느 정도죠?

점원   대체로 한 시간 정도입니다.

이   우와! 요시다 씨, 어떻게 할까요?

요시다 모처럼 왔으니 기다리지 않을래요?

이   그러죠. 배가 고프네요.

패턴 회화 표현

💬 **ちょっと~ていて…** 좀 ~해 있어서요…

● ちょっと電車が遅れていて…。 좀 전철이 지연되고 있어서요….

● ちょっと熱が出ていて…。 좀 열이 나서요….

💬 **せっかく~たし** 모처럼 ~했으니

● せっかく買ったし着ないのはもったいない。
모처럼 샀으니 안 입는 건 아까워.

● せっかく東京まで来たし、お土産を買おう。
모처럼 도쿄까지 왔으니 선물을 사자.

💙 문화와 말   문화를 알면 말이 술~술

인기 있는 음식점은 기다리는 수고를 마다 않고 줄을
서게 돼요. 어느 나라든 마찬가지일 거예요. 일본에서
는 이런 가게를 이렇게 부릅니다.

● 行列ができる~屋

'~'에 들어가는 말은 음식 이름을 넣으면 되겠죠.

● ラーメン屋 라면집   焼肉屋 고깃집   洋食屋 양식집

음식점 이용하기②

チーズは抜<ぬ>いてください。

치즈는 빼 주세요.

드디어 음식점에 자리를 잡았다면 주문을 해야겠죠.
주문을 할 때는 나의 기호에 맞게 점원에게 요구해 보세요.

🎧 Track **028**

李<い> すみません、このサラダ、チーズ入<はい>っていますか。

店員<てんいん> はい。粉<こな>チーズが入<はい>っています。

李<い> アレルギーがあるので、チーズは抜<ぬ>いてください。

店員<てんいん> わかりました。他<ほか>に苦手<にがて>なものございますか。

李<い> 他<ほか>は大丈夫<だいじょうぶ>です。

📝 어구

☐ サラダ 샐러드 ☐ チーズ 치즈 ☐ 粉<こな> 가루 ☐ アレルギー 알레르기 ☐ 〜ので ~이므로
☐ 抜<ぬ>いてください 빼 주세요 ☐ 他<ほか> 다른 것
☐ 苦手<にがて>なもの 잘 못하는 것, 질색인 것(상황에 따라 대상이 달라진다. 예를 들어 놀이공원이라면 잘 못
타는 것. 여기는 음식점이므로 잘 못 먹는 음식을 뜻한다)
☐ ございますか 있습니까?

이	실례지만, 이 샐러드, 치즈가 들어 있나요?
점원	네, 가루 치즈가 들어 있습니다.
이	알레르기가 있으니 치즈는 빼 주세요.
점원	알겠습니다. 그밖에 잘 못 드시는 게 있나요?
이	다른 건 괜찮아요.

패턴 회화 표현

패턴 익히기로 회화력 **UP!**

💬 **入^{はい}っていますか** 들어 있나요?

● これは小麦^{こむぎ}が入^{はい}っていますか。 이것은 밀가루가 들어 있나요?

● にんにくは入^{はい}っていますか。 마늘은 들어 있나요?

💬 **抜^ぬいてください** 빼 주세요

● わさびを抜^ぬいてください。 고추냉이(와사비)를 빼 주세요.

● たまねぎを抜^ぬいてください。 양파를 빼 주세요.

🕊️ 문화와말 문화를 알면 말이 술~술

음식을 주문할 때 못 알레르기 때문에 못 먹는 재료가 있다면 이렇게 말해 보세요.

● ○○アレルギーです。 ○○알레르기예요.

일본 음식은 건강하다고 느끼는 사람이 많을 텐데요, 의외로 염분이 강한 음식이 많아요. 만약 짠 음식을 싫어한다면 다음과 같은 표현을 써 보는 것도 좋겠네요.

● 薄^{うす}めの味付^{あじつ}けにしてください。 조금 싱거운 맛으로 해 주세요.

テイクアウトできますか。

테이크아웃 되나요?

오랜 기다림 끝에 맛본 음식이 예상보다 훨씬 맛있나요?
그렇다면 가족에게도 맛보게 해 주고 싶죠. 그럴 땐 이렇게 말해 보세요.

 Track **029**

李　すみません、これテイクアウトできますか。

店員　すみません、生もの、汁物はお断りしています。

李　あ、そうですか。

　　じゃあ、この唐揚げもだめですか。

店員　揚げ物でしたら大丈夫です。

李　じゃあ、お願いします。

　　あ、袋を二つに分けてもらえますか。

店員　わかりました。

✏️ **어구**

□ テイクアウト 테이크아웃, 포장해서 가져가기　□ できますか 가능한가요?　□ 生もの 날것
□ 汁物 국물　□ 断る 거절(사절)하다, 양해를 구하다　□ 唐揚げ 가라아게(닭튀김)
□ 揚げ物 튀김　□ だめ 안 됨　□ ～でしたら ~라면　□ 大丈夫 괜찮음　□ 袋 봉지, 주머니
□ 分けて 나누어　□ もらえますか 받을 수 있나요?

이	실례지만, 이거 테이크아웃 되나요?
점원	죄송하지만, 날음식, 국물은 양해를 구하고 있습니다.
이	아, 그렇군요. 그럼 이 가라아게도 안 되나요?
점원	튀김이라면 괜찮습니다.
이	그럼, 부탁할게요. 아, 봉지를 두 개로 나누어 줄 수 있나요?
점원	알겠습니다.

패턴 회화 표현

💬 **～てもらえますか** ~해 받을 수 있을까요?(~해 주시겠어요?)

- 電話番号を教えてもらえますか。 전화번호를 알려 주시겠어요?
- 部屋まで届けてもらえますか。 방까지 가져다 주시겠어요?

💬 **～でしたら** ~이라면

- 明日でしたら大丈夫です。 내일이라면 괜찮습니다.
- トイレでしたら２階にあります。 화장실이라면 2층에 있습니다.

🦢 문화와말 문화를 알면 말이 술~술

커피 등을 가게에서 마시지 않고 밖으로 가지고 갈 때 '테이크아웃(takeout)'이라는 영어를 사용하죠. 일본에서도 똑같이 사용해요. 그런데 한국에서는 "포장해 주세요"라는 말도 사용하죠. 일본에도 영어가 아닌 일본어 표현이 있어요. 뭐라고 할까요?

• 持ち帰りできますか。 포장 가능해요?

髪の毛が入っていたんですけど…。

머리카락이 들어 있었는데요….

음식을 먹다 보면 이물질이 들어 있는 경우가 있어요.
이럴 땐 어떻게 해야 할까요?

🎧 Track **030**

📁 シーン①

李　　すみません、髪の毛が入っていたんですけど…。

店員　大変申し訳ございません！すぐ取り替えます。

李　　お願いします。

📁 シーン②

李　　すみません。これ、頼んでいません。

店員　ハンバーグステーキご注文ではないですか。

李　　注文したのはヒレステーキです。

店員　失礼しました。すぐお持ちします。

李　　お願いします。

✏️ **어구**

☐ 髪の毛 머리카락　☐ 大変 매우, 대단히　☐ 申し訳ございません 죄송합니다

☐ すぐ 곧, 바로　☐ 取り替える 바꾸다, 교체하다　☐ 頼んでいません 부탁하지 않았습니다

☐ ご注文 (손님이 한) 주문　☐ お持ちします 가져오겠습니다(겸양 표현 お + 동사 ます형 + する)

72

〈SCENE①〉

이 　여기요, 머리카락이 들어 있었는데요….

점원 　정말 죄송합니다! 바로 바꿔 드리겠습니다.

이 　부탁할게요.

〈SCENE②〉

이 　실례지만, 이거 주문하지 않았어요.

점원 　햄버그 스테이크 주문이 아니었나요?

이 　주문한 건 안심 스테이크예요.

점원 　실례했습니다. 바로 가져오겠습니다.

이 　부탁해요.

패턴 회화 표현

💬 **～が入っていたんです** ～이 들어 있었어요

- 卵の殻が入っていたんです。 계란 껍질이 들어 있었어요.

- ごみが入っていたんです。 쓰레기가 들어 있었어요.

💬 **取り替えてください** 바꿔 주세요

- 新しいものと取り替えてください。 새 것으로 바꿔 주세요.

- 温かいものと取り替えてください。 따뜻한 것으로 바꿔 주세요.

🕊️ 문화와말 　문화를 알면 말이 술~술

맛있는 가게를 찾을 때 PC나 모바일 앱으로 '맛집'을 검색하는 분들 많이 계시죠?
일본에서 맛집을 검색할 때 주로 어떤 앱을 사용할까요?

바로 이 아이콘을 사용하는 食べログ예요. 현 위치에서 가까운 곳, 가격별, 장르별 검색이 가능
하고 사진이나 리뷰 등도 확인할 수 있어요.

すみません、まだですか。

실례지만, 아직인가요?

음식점에서 또 황당한 경우가 있죠.
주문한 지가 오래 되었는데, 음식이 안 나오는 경우죠.
이럴 땐 어떻게 해야 할까요?

🎧 Track **031**

📁 シーン①

李　すみません、かなり前に注文したんですけど、

　　まだですか。

店員　すみません、厨房に確認してきます。

李　お願いします。

📁 シーン②

店員　今、作っているそうです。

李　うーん、じゃあ、もういいです。

　　すみませんが、キャンセルで。

店員　申し訳ございません。

✏️ 어구

□ かなり 꽤, 매우　□ まだ 아직　□ 厨房 주방　□ 今 지금　□ 作っている 만들고 있다
□ もういいです 그만 됐어요　□ すみませんが 미안하지만　□ キャンセル 캔슬, 취소

〈SCENE①〉

이   실례지만, 꽤 전에 주문했는데, 아직인가요?

점원   죄송합니다. 주방에 확인하고 오겠습니다.

이   부탁해요.

〈SCENE②〉

점원   지금 만들고 있다고 합니다.

이   음, 그럼, 그만 됐어요. 죄송하지만, 취소로.

점원   죄송합니다.

패턴 회화 표현

패턴 익히기로 회화력 **UP!**

💬 **명사 + してきます** ~하고 오겠습니다

● 少し確認してきます。 잠시 확인하고 오겠습니다.

● ちょっと電話してきます。 잠깐 전화하고 오겠습니다.

💬 **〜ているそうです** ~하고 있다고 합니다

● 調べているそうです。 알아보고 있다고 합니다.

● 運動しているそうです。 운동하고 있다고 합니다.

🕊 **문화와말** 문화를 알면 말이 술~술

일본의 음식점에서는 상식 밖으로 늦게 나오거나 음식에 이물질이 들어 있을 경우, 바로 주문 취소가 가능해요. 하지만 예약을 취소할 때는 '예약 취소료'가 붙을 수 있으니 주의해야겠네요.

한편, 취소는 일본어로 キャンセル 외에 取り消し 라고도 해요.

予約取消完了

ご予約を取り消しました。

× 閉じる

割_わり勘_{かん}にしましょう。

더치페이로 해요.

음식을 다 먹었다면 이젠 계산할 차례죠.
더치페이로 하시겠어요? 혼자 다 내시겠어요?

🎧 Track **032**

店員_{てんいん}	お会計_{かいけい}は別々_{べつべつ}でしょうか。
吉田_{よしだ}	一緒_{いっしょ}で。李_イさん、ここは私_{わたし}のおごりで。
李_イ	え、そんな！悪_{わる}いです。割_わり勘_{かん}にしましょう。
吉田_{よしだ}	気_きにしないでください。
李_イ	すみません、ごちそうさまです。
	今度_{こんど}は私_{わたし}がおいしいコーヒーでもごちそうします。
吉田_{よしだ}	おっ、本当_{ほんとう}ですか。
	それは楽_{たの}しみですね。

🖊어구

- ☐ お会計_{かいけい} 계산　☐ 別々_{べつべつ} 따로따로　☐ 一緒_{いっしょ} 함께　☐ おごり 한턱냄　☐ 悪_{わる}いです 안 돼요
- ☐ 割_わり勘_{かん} 더치페이　☐ 気_きにしないで 마음 쓰지 마세요　☐ ごちそうさま 잘 먹었습니다
- ☐ 今度_{こんど} 다음 번　☐ おいしい 맛있다　☐ 〜でも ~라도　☐ 本当_{ほんとう} 정말　☐ 楽_{たの}しみ 기대됨

점원	계산은 따로따로인가요?
요시다	같이요. 이○○ 씨, 여기는 제가 내는 걸로.
이	아, 그러시면 안 돼요. 더치페이로 해요.
요시다	마음 쓰지 마세요.
이	고마워요. 잘 먹었습니다. 다음에는 제가 맛있는 커피라도 대접해 드릴게요.
요시다	와, 정말요? 그건 기대되는데요.

패턴 회화 표현

패턴 익히기로 회화력 **UP!**

💬 **ここは～で** 여기는 ~로

● ここは別々で。 여기는 따로따로.

● ここは私のおごりで。 여기는 내가 내는 걸로.

💬 **～にしましょう** ~로 합시다

● 割り勘にしましょう。 더치페이로 합시다.

● 別々にしましょう。 따로따로 합시다.

🦢 문화와말 문화를 알면 말이 술~술

음식값 자주 내는 사람, 돈을 잘 쓰는 사람을 일본어로 뭐라고 할까요?
바로 太っ腹라고 해요. 굳이 한국말로 옮기면 '배포가 큰 사람' 정도일까요?
만약 친한 사람이 음식 값을 혼자서 다 냈다면 이렇게 말해 봐요.

● よっ、太っ腹！ 야아! 역시 배포가 커서.

계산하기②

カード使^{つか}えますか。

카드 되나요?

한국에서는 몇 백 원짜리 물건도 카드로 계산하지만,
일본은 아직도 현금 계산이 많은 편이에요.
그래서 카드로 계산해도 되는지 물어 보는 게 좋아요.

 Track **033**

店員^{てんいん}　お会計^{かいけい}、1,300円^{せんさんびゃくえん}です。

李^い　カード使^{つか}えますか。

店員　はい。こちらにサインお願^{ねが}いします。

李　おいしかったです。ごちそうさまです。

店員　ありがとうございます。

李　また食^たべに来^きます。

店員　ぜひ！ お待^まちしています。

✎ 어구

☐ お会計^{かいけい} 계산, 회계　☐ 使^{つか}えますか 사용할 수 있습니까?　☐ こちら 이쪽　☐ サイン 사인
☐ おいしかったです 맛있었습니다　☐ ごちそうさまです 잘 먹었습니다
☐ また 또, 다시　☐ 食^たべに 먹으러　☐ ぜひ 꼭, 반드시
☐ お待^まちしています 기다리고 있겠습니다. 가게 점원은 "또 오세요"라는 뜻으로 한 말

점원	계산, 1,300엔입니다.
이	카드 되나요?
점원	네. 여기에 사인 부탁합니다.
이	맛있었어요. 잘 먹었습니다.
점원	감사합니다.
이	또 먹으러 오겠습니다.
점원	꼭이요! 기다리고 있겠습니다.

패턴 회화 표현

패턴 익히기로 회화력 UP!

💬 **～使えますか** ~되나요?

● キャッシュカード使えますか。 현금카드 되나요?

● クーポン使えますか。 쿠폰 이용이 가능한가요?

💬 **～お願いします** ~부탁합니다

● お返事お願いします。 답장 부탁합니다.

● レシートお願いします。 영수증 부탁해요.

🕊 문화와 말 문화를 알면 말이 술~술

여러분은 식사를 마치고 음식점을 나서면서 가게 사람에게 뭐라고 인사하나요?
①안녕히 계세요. / ②잘 먹었습니다. / ③맛있게 먹었습니다.
아마 이 세 가지 인사말 중에서 ③번의 인사말을 가장 좋아하지 않을까요?
일본에서는 ①번에 해당하는 さようなら는 사용하지 않아요. 대체로 ②번에 해당하는
ごちそうさま를 많이 사용하죠. 그리고 ③번 표현 おいしかったです를 덧붙이면 더욱
좋겠죠.

한국어를 참고하여 공란에 들어갈 일본어 표현을 쓰고 말해 보세요.

01 앞접시 주시겠어요?

取り皿 [   ] 。

02 아이스티는 식사 전에 갖다 주세요.

アイスティー、[   ] 。

03 포장해 가시겠어요?

[   ] 。

04 사이즈는 L로 변경해 주세요.

サイズをL [   ] 。

05 차는 셀프예요.

お茶は [   ] 。

06 방이 물건으로 꽉 차서.

部屋がもの [   ] 。

07 무료로 영화를 맘껏 볼 수 있어요.

無料で映画が [   ] です。

소리 내어 직접 말해 보고
꼼꼼하게 빈칸에 적어 봐요!

08 모처럼 샀으니 안 입는 건 아까워.

　　　　　　 買っ 　　　　　　 着ないのはもったいない。

09 고추냉이(와사비)를 빼 주세요.

わさびを 　　　　　　　　　　　　　　 。

10 내일이라면 괜찮습니다.

明日 　　　　　　　　　　　　　　 大丈夫です。

11 새것으로 바꿔 주세요.

新しいものと 　　　　　　　　　　　　　 。

12 쿠폰 이용이 가능한가요?

クーポン 　　　　　　　　　　　　　 。

<ruby>他<rt>ほか</rt></ruby>の<ruby>色<rt>いろ</rt></ruby>ありますか。

다른 색 있어요?

쇼핑 중에서도 옷이나 신발 등의 경우는 색에 민감해지죠.
모양은 딱 좋은데, 색이 마음에 안 든다면 어떻게 해야 할까요?

 Track **034**

イ
李　すみません。これ、<ruby>他<rt>ほか</rt></ruby>の<ruby>色<rt>いろ</rt></ruby>ありますか。

店員
てんいん　はい。

　　　ブラックのほかに、ホワイトとピンクがあります。

李　かわいいですね。ブラックと、ピンクください。

店員　ありがとうございます。プレゼントですか。

李　はい。ピンクをラッピングしてください。

店員　<ruby>袋<rt>ふくろ</rt></ruby>は<ruby>無料<rt>むりょう</rt></ruby>、<ruby>箱<rt>はこ</rt></ruby>は<ruby>有料<rt>ゆうりょう</rt></ruby>です。どちらにしますか。

李　<ruby>箱<rt>はこ</rt></ruby>で。

어구

□ <ruby>他<rt>ほか</rt></ruby>の<ruby>色<rt>いろ</rt></ruby> 다른 색　□ ブラック 블랙, 검정　□ ～のほかに ~이외에　□ ホワイト 화이트, 흰색
□ ピンク 핑크, 분홍　□ かわいい 귀엽다, 예쁘다　□ プレゼント 선물　□ ラッピング 포장
□ <ruby>袋<rt>ふくろ</rt></ruby> 봉지　□ <ruby>無料<rt>むりょう</rt></ruby> 무료　□ <ruby>箱<rt>はこ</rt></ruby> 상자　□ <ruby>有料<rt>ゆうりょう</rt></ruby> 유료　□ どちら 어느 쪽

이	여기요. 이거 다른 색 있어요?
점원	네, 블랙 외에 화이트와 핑크가 있습니다.
이	예쁘네요. 블랙과 핑크 주세요.
점원	감사합니다. 선물하실 건가요?
이	네, 핑크를 포장해 주세요.
점원	봉지는 무료이고, 상자는 유료예요. 어느 쪽으로 하시겠어요?
이	상자로요.

패턴 회화 표현

💬 **他^{ほか}の～ありますか** 다른 ~있나요?

● 他^{ほか}のサイズありますか。 다른 사이즈 있나요?

● 他^{ほか}の種類^{しゅるい}ありますか。 다른 종류 있나요?

💬 **無料^{むりょう}／有料^{ゆうりょう}** 무료/유료

● サイズ直^{なお}しは無料^{むりょう}です。 사이즈 수선은 무료입니다.

● ラッピングは有料^{ゆうりょう}ですが…。 포장은 유료입니다만….

🕊 문화와말

물건을 살 때, 색깔을 일본어로 몰라도 당황하지 마세요. 색깔은 영어로도 통하거든요.
한편, 선물용 포장은 대개 유료인 경우가 많아요. 유료 포장을 할 때는 선물 받을 사람에게 메시지 한 마디 적을 수 있는 메시지 카드를 무료로 주는 곳도 있으므로, 이렇게 물어 보세요.

● 無料^{むりょう}のメッセージカードありますか。
무료 메시지 카드 있나요?

<ruby>試<rt>し</rt></ruby><ruby>着<rt>ちゃく</rt></ruby>できますか。

입어 볼 수 있나요?

마음에 드는 옷을 골랐다고 해서 덥석 돈을 지불하지는 않아요.
번거롭게 생각하는 사람도 있지만 그래도 옷은 입어 보고 사야죠.

 Track **035**

📁 シーン①

李　すみません。これ、もっと<ruby>大<rt>おお</rt></ruby>きいのありますか。

店員　はい。

李　<ruby>試<rt>し</rt></ruby><ruby>着<rt>ちゃく</rt></ruby>できますか。

店員　はい、ご<ruby>案内<rt>あんない</rt></ruby>します。

📁 シーン②

李　うーん、<ruby>肩<rt>かた</rt></ruby>のところがぶかぶかです。

店員　<ruby>似<rt>に</rt></ruby>たデザインで、これはいかがですか。

李　うーん、あまり…。

✏️ 어구

☐ もっと 좀 더　☐ <ruby>大<rt>おお</rt></ruby>きい 크다　☐ <ruby>試着<rt>しちゃく</rt></ruby> 입어 봄　☐ ご<ruby>案内<rt>あんない</rt></ruby> 안내　☐ <ruby>肩<rt>かた</rt></ruby> 어깨
☐ ～のところ ~의 부분　☐ ぶかぶか 헐렁헐렁한 모양　☐ <ruby>似<rt>に</rt></ruby>た 비슷한, 닮은
☐ デザイン 디자인　☐ いかがですか 어떻습니까?　☐ あまり 그다지, 별로

〈SCENE①〉

이 　　여기요, 이거 좀 더 큰 거 있나요?

점원 　네.

이 　　입어 볼 수 있나요?

점원 　네, 안내해 드릴게요.

〈SCENE②〉

이 　　으음, 어깨 부분이 헐렁헐렁해요.

점원 　비슷한 디자인으로 이건 어떠세요?

이 　　흐음, 별로….

패턴 회화 표현

패턴 익히기로 회화력 **UP!**

💬 **もっと ＋ い형용사 ＋ のありますか** 더 ~한 것 있나요?

● もっと小さいのありますか。더 작은 것 있나요?

● もっと安いのありますか。더 싼 것 있나요?

💬 **～のところがぶかぶか/きついです** ~ 부분이 헐렁헐렁해요 / 꽉 낍니다

● 腕のところがぶかぶかです。팔 부분이 헐렁헐렁해요.

● 腰のところがきついです。허리 부분이 꽉 낍니다.

💙 문화와 말　문화를 알면 말이 술~술

하라주쿠 같은 일본의 패션 거리에 가서 옷이나 신발을 살 때는 치수 단위에 주의하세요. 신발의 경우 한국에서는 밀리미터(mm)를 사용하는 데 비해 일본은 센티미터(cm)를 사용하거든요. 예를 들면 235 신발을 신는다면, 일본에서는 23.5라고 표시되어 있으니 주의하세요. 옷도 대부분 S/M/L로 구분되어 있어 55사이즈, 66사이즈 등이라고 하면 통하지 않아요.

옷과 신발은 아무리 마음에 들어도, 자기 몸에 꼭 맞아야 편하게 입고 신을 수 있겠죠.

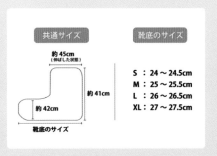

共通サイズ　　　靴底のサイズ

約45cm
(伸ばした状態)

約41cm

約42cm

靴底のサイズ

S　：24 ～ 24.5cm
M　：25 ～ 25.5cm
L　：26 ～ 26.5cm
XL　：27 ～ 27.5cm

返品<ruby>へん<rt></rt></ruby><ruby>ぴん<rt></rt></ruby>します。

반품할게요.

물건을 샀는데, 물건에 이상이 있다면? 반품해야죠.
반품할 때는 영수증이 필요하니, 영수증을 챙기는 습관은 필수!

🎧 Track **036**

📁 シーン①

李　すみません。これ、穴が開いていたんですけど。

店員　失礼しました。交換と返品、どちらにしますか。

李　返品します。これ、レシートです。

店員　それでは返金いたします。

📁 シーン②

李　これ、サイズが合わないので返品お願いします。

店員　申し訳ありませんが、セール品は返品できないんです。

李　あ、そうですか。

✏️ 어구
- 穴 구멍　□ 開いていた 뚫려 있었다　□ 交換 교환　□ 返品 반품　□ レシート 영수증
- 返金 돈을 되돌려 줌　□ サイズ 사이즈　□ 合わない 맞지 않다　□ したいです 하고 싶습니다
- 申し訳ありませんが 죄송합니다만　□ セール品 세일 상품　□ できない 할 수 없다

〈SCENE①〉

이　　　실례합니다. 이거 구멍이 뚫려 있었어요.

점원　　실례했습니다. 교환과 반품, 어느 쪽으로 하시겠어요?

이　　　반품할게요. 여기, 영수증이요.

점원　　그럼, 돈을 돌려드리겠습니다.

〈SCENE②〉

이　　　이거, 사이즈가 안 맞아서 반품 부탁해요.

점원　　죄송하지만, 세일품은 반품이 안 됩니다.

이　　　아, 그런가요.

패턴 회화 표현

패턴 익히기로 회화력 **UP!**

💬 **AとB、どちらにしますか** A와 B, 어느 쪽으로 하시겠어요?

● **青と赤、どちらにしますか。** 파란색과 빨간색, 어느 쪽으로 하시겠어요?

● **コーヒーと紅茶、どちらにしますか。**
커피와 홍차 어느 쪽으로 하시겠어요?

💬 **〜が合わないので** ~이 안 맞아서

● **靴が合わないので痛いです。** 신발이 안 맞아서 아파요.

● **性格が合わないので疲れます。** 성격이 안 맞아서 피곤해요.

👑문화와말 문화를 알면 말이 술~술

한국의 일부 가게에서는 카드 말고 현금으로 계산하면 값을 깎아 주는 경우가 있어요. 하지만 일본은 그런 가게가 없어요. 또 신용카드는 있지만, 현금카드(체크카드)는 거의 사용하지 않죠. 한국에서는 적은 금액이라도 신용카드로 결제하는 경우가 많은데요, 일본은 아직도 현금으로 지불하는 사람이 많아요.

人気のおみやげはありますか。

인기 있는 기념품 있어요?

쇼핑은 일상생활에서 꼭 필요한 행위이죠.
점원에게 물건에 대해 묻거나 설명하는 말을 들을 때 꼭 필요한 표현을 익혀 봐요.

Track **037**

李	人気のおみやげはありますか。
店員	こちらはいかがですか。
李	わぁ、くまのストラップ！ かわいい。
店員	ちりめんでできているんですよ。 若い女性に人気です。
李	すごく日本っぽいですね。
店員	同じシリーズで、ポーチもありますよ。
李	セットなんですね。かわいすぎます。

어구

☐ 人気 인기 ☐ おみやげ 기념품 ☐ こちら 이쪽
☐ いかがですか 어떻습니까?(무언가를 권하면서 물을 때 사용) ☐ くま 곰
☐ ストラップ 스트랩 ☐ ちりめん 크레이프(비단 직물의 일종)
☐ ~でできている ~(재료)로 만들어져 있다 ☐ 若い 젊다 ☐ 女性 여성
☐ すごく 굉장히, 매우 ☐ 日本 일본 ☐ ~っぽい (명사에 붙어) ~스럽다, ~답다 ☐ 同じ 같음
☐ ポーチ 파우치 ☐ かわいい 귀엽다 ☐ ~すぎる (형용사에 붙어) 너무 ~하다

이	인기 있는 기념품 있나요?
점원	이쪽은 어떠세요?
이	와아! 곰 스트랩이네. 귀여워!
점원	크레이프로 되어 있어요. 젊은 여성에게 인기죠.
이	매우 일본풍이네요.
점원	같은 시리즈로 파우치도 있어요.
이	세트로군요. 너무 귀여워요.

패턴 회화 표현

패턴 익히기로 회화력 **UP!**

💬 **～でできている** ~(재료)로 만들어져 있다

- 木^きでできている。 나무로 만들어져 있다.
- 紙^{かみ}でできている。 종이로 만들어져 있다.

💬 **명사 + っぽい** ~경향이 있다, ~스럽다

- 日本^{にほん}っぽい 일본스럽다
- 大人^{おとな}っぽい 어른스럽다

💬 **형용사 어간 + すぎる** 너무(지나치게) ~하다

- おいしすぎる！ 너무 맛있다!
- 暑^{あつ}すぎます！ 너무 더워요!

문화와말 문화를 알면 말이 술~술

ご当地^{とうち}グルメ
여행을 가면 ご当地^{とうち}グルメ라는 것이 있어요.
그 지방만의 음식을 가리키죠. 예를 들어 오사
카(大阪^{おおさか})라면 다코야키(たこ焼^やき), 후쿠오카
라면 돈코쓰라멘(豚骨^{とんこつ}ラーメン) 하는 식이에
요. 여러분도 여행을 간다면 기념 삼아 ご当
地^ちグルメ를 드셔 보면 어떨까요?

ご当地^{とうち}グルメ 광고의 예

쇼핑⑤

肉まんと、あんまん一つずつ
ください。

고기만두와 팥 찐빵 한 개씩 주세요.

우리 주변에 가장 가까이 있는 가게 하면 무엇이 떠오르세요?
바로 편의점이겠죠. 편의점 한번 이용해 볼까요?

🎧 Track **038**

店員　いらっしゃいませ。お弁当あたためますか。

李　　あ、いいです。

店員　お箸は何膳おつけしますか。

李　　二つで。

　　　あと肉まんと、あんまん一つずつください。

店員　９７０円です。

李　　パスモで。

店員　タッチお願いします。

✏ 어구

□ お弁当 도시락　□ あたためますか 데울까요?

□ いい '좋다'라는 뜻도 있지만, 여기서는 사양하는 뜻으로 '괜찮다'란 뜻

□ お箸 젓가락　□ 何膳 몇 쌍　□ 肉まん 고기만두　□ あんまん 팥 찐빵　□ ~ずつ ~씩

□ パスモ 파스모(PASMO. 관동지방을 중심으로 사용되는 교통 카드. 편의점에서도 사용 가능)

□ タッチ 터치

점원	어서 오세요. 도시락 데울까요?
이	아, 괜찮아요.
점원	젓가락은 몇 쌍 넣을까요?
이	두 개요. 그리고 고기만두와 팥 찐빵 하나씩 주세요.
점원	970엔입니다.
이	파스모로 (계산할게요).
점원	터치 부탁합니다.

패턴 회화 표현

💬 **〜膳**^{ぜん} ~쌍(젓가락 두 개를 한 쌍으로 해서 세는 단위)

- お箸３膳^{はしさんぜん}ください。 젓가락 세 쌍 주세요.

- お箸１膳^{はしいちぜん}足^たりません。 젓가락 한 쌍 모자라요.

💬 **AとB、一つずつ**^{エー ビー ひと} A와 B, 하나씩

- プレーンとチョコ、一^{ひと}つずつください。 플레인과 초코, 하나씩 주세요.

- カレー味^{あじ}と醤油味^{しょうゆあじ}、一^{ひと}つずつください。 카레 맛과 간장 맛, 하나씩 주세요.

🕊️ 문화와말 문화를 알면 말이 술~술

한국의 편의점에서는 젓가락이나 빨대를 직접 빼 갈 수 있어요. 게다가 도시락도 설치된 전자레인지에 손님 스스로 데울 수 있죠. 하지만 일본에서는 점원이 해 주는 곳이 많아요. 또 우체국처럼 물건을 보낼 수도 있고 공공요금을 납부할 수도 있어요.

쇼핑⑥

値引きできますか。
ねび

할인 되나요?

한국이나 일본이나 정찰제이기 때문에 물건 값을 깎거나 하지는 않아요.
하지만 시장이나 전자제품 매장에서는 가격 흥정이 가능한 경우도 있어요.

Track **039**

📁 **シーン①**

店員 カメラ、お探しですか。
てんいん さが

李 あ、はい。これ、値引きできますか。
イ ねび

店員 あ、これは新製品なので値引きはちょっと…。
てんいん しんせいひん ねび

これなら500円引けます。
ごひゃくえん ひ

おまけでケースもあります。お得ですよ。
とく

李 じゃあ、これにします。

📁 **シーン②**

店員 ポイントカードありますか。
てんいん

李 いいえ。

✏️ **어구**

□ お探しですか 찾으시나요?　□ 値引き 할인　□ 新製品 신제품　□ ちょっと 좀
　さが　　　　　　　　　　　　　ねび　　　　　　しんせいひん
□ ～なら ~라면　□ 引けます 깎을 수 있습니다　□ おまけ 덤　□ ケース 케이스
　　　　　　　　　ひ
□ お得 득, 이득　□ ～にします ~(으)로 하겠습니다(결정)　□ ポイントカード 포인트 카드
　とく

92

〈SCENE①〉

점원 카메라 찾으세요?

이 아, 네. 이거 할인 되나요?

점원 아, 이건 신제품이라 할인은 좀…. 이거라면 500엔 할인 돼요.
     덤으로 케이스도 있어요. 이득이죠.

이 그럼, 이걸로 할게요.

〈SCENE②〉

점원 포인트 카드 있나요?

이 아니오.

패턴 회화 표현

💬 **お探^{さが}しですか** 찾으세요?

- カメラお探^{さが}しですか。카메라 찾으세요?

- 何^{なに}かお探^{さが}しですか。뭘 찾으세요?

💬 **～できますか** ~가능한가요?

- 配送^{はいそう}できますか。배송 가능한가요?

- 試着^{しちゃく}できますか。입어 봐도 되나요?

🕊 문화와말 문화를 알면 말이 술~술

일본에서 유명한 전자제품 숍은 빅카메라(ビックカメラ), 요도바시카메라(ヨドバシカ
メラ), 야마다덴키(ヤマダ電機^{でんき}), 게즈덴키(ケーズ電気^{でんき}) 등이 있어요. 게즈덴키는 약 500
여 개, 야마다덴키는 약 700여 점포가 있어요. 포인트 카드를 만들면 구매가의 10%를 적
립해 주는 가게도 있으니 만들면 좋겠네요.

おなかが痛いです。

배가 아파요.

즐거워야 할 여행이나 성과를 내야 할 비즈니스로 일본에 갔는데, 몸이 아플 때가 있어요.
그럴 때는 병원을 찾게 되죠. 병원에서 의사와 나누게 되는 대화를 살펴보아요.

 Track **040**

医者　今日はどうしましたか。

李　　おなかが痛いです。

医者　いつからですか。

李　　昨日からです。

医者　どこが痛いですか。

李　　ここです。

医者　吐き気は？　食欲は？

李　　吐き気はありません。食欲はあります。

어구

☐ どうしましたか (병원에서) 어디가 불편하세요?　☐ おなか 배(신체)　☐ 痛い 아프다
☐ いつ 언제　☐ ～から ~부터　☐ 昨日 어제　☐ どこ 어디　☐ ここ 여기　☐ 吐き気 구역질
☐ 食欲 식욕　☐ ありません 없습니다　☐ あります 있습니다

의사	오늘은 어디가 안 좋으세요?
이	배가 아파요.
의사	언제부터죠?
이	어제부터요.
의사	어디가 아픈가요?
이	여기요.
의사	구역질은요? 식욕은요?
이	구역질은 안 나요. 식욕은 있어요.

패턴 회화 표현

패턴 익히기로 회화력 **UP!**

💬 **～が痛いです** ~가 아파요

- 頭が痛いです。 머리가 아파요.
- 喉が痛いです。 목이 아파요.

💬 **～からです** ~부터요

- 一昨日からです。 그저께부터요.
- 今朝からです。 오늘 아침부터요.

문화와 말 문화를 알면 말이 술~술

한국에서는 병원에 갈 때, 본인의 주민번호만 외우면, 보험증을 가지고 가지 않아도 되죠. 그런데 일본은 병원마다 診察券이라는 카드를 만들어 줘요. 이것은 국가가 발행하는 것이 아니고, 병원마다 따로 발행하는데요, 일종의 병원 회원증 같은 역할을 해요. 그리고 그 병원을 방문할 때는 꼭 가지고 가야 해요.

風邪をひきました。

감기에 걸렸어요.

언제부터인가 감기도 쉽게 낫지 않고 심한 불편을 주죠.
감기로 병원을 찾았을 때 나누게 되는 일반적인 대화를 익혀 보아요.

 Track **041**

医者 今日はどうしましたか。

イ
李 風邪をひきました。

医者 いつからですか。

李 昨日の夜からです。

医者 鼻水、たんは？

李 どっちもあります。

医者 薬を三日分、出しますね。

李 あ、胃薬もいっしょにお願いします。

✎ 어구

□ 風邪 감기 □ 風邪をひく 감기 걸리다 □ 昨日 어제 □ 夜 밤 □ 鼻水 콧물 □ たん 가래
□ どっちも 어느 쪽도 □ 薬 약 □ 三日 3일 □ ~分 ~분, ~치(예: 3日分 3일치)
□ 出します 줍니다 □ 胃薬 위약 □ いっしょに 함께

의사	오늘은 어디가 안 좋으세요?
이	감기에 걸렸어요.
의사	언제부터죠?
이	어젯밤부터요.
의사	콧물이나 가래는요?
이	둘 다 있어요.
의사	약을 3일치 드릴게요.
이	참! 위장약도 함께 부탁해요.

패턴 회화 표현

패턴 익히기로 회화력 **UP!**

💬 **〜分** ~치

● 二日分出しますね。 이틀치 드릴게요(처방할게요).

● 一週間分ください。 일주일치 주세요.

💬 **〜もいっしょにお願いします** ~도 함께(같이) 부탁해요

● 塗り薬もいっしょにお願いします。 바르는 약도 같이 부탁해요.

● しっぷもいっしょにお願いします。 파스도 같이 부탁해요.

🕊️ 문화와말 문화를 알면 말이 술~술

감기나 배탈 등 몸의 어딘가가 아프거나 안 좋을 때면 '몸이 아프다'라고 하죠. 그럼 '몸이 아프다'라는 말은 일본어로 무엇일까요? 일본어 초보자의 경우 다음과 같이 말하는 예도 있어요.

● 体が痛い 몸이 아프다

물론 이렇게 말해도 못 알아듣는 것은 아니지만, 일본 사람이라면 흔히 이렇게 말해요.

● 体調が悪い 몸 컨디션이 안 좋다

한편, 감기에 걸렸을 때 흔히 쓰는 '몸살'이라는 말은? 여기에 딱 어울리는 일본어는 없어요. 그래서 다음과 같은 표현을 쓰면 어떨까 제안합니다.

● 具合が悪い 몸 상태가 안 좋다

これ、処方箋です。
이거, 처방전이요.

병원 진찰과 치료가 끝나면 약을 처방해 주죠.
일본도 한국과 마찬가지로 처방전을 받아 약국에 가야 해요.

Track **042**

📁 シーン①

李　こんにちは。

薬剤師　こんにちは。久しぶりですね。

李　はい。風邪をひいてしまって…。

　　これ、処方箋です。

薬剤師　はい。受付番号は１４番です。お待ちください。

李　はい。じゃあ、少ししてから来ます。

📁 シーン②

薬剤師　今日は風邪薬が出ています。

　　１日３回、食後に飲んでください。

李　はい。

📎 어구

□ 受付 접수　□ 番号 번호　□ ～番 ~번　□ 少ししてから 조금 이따가　□ 風邪薬 감기약
□ １日 하루　□ ～回 ~회(번)　□ 食後 식후　□ 飲んで (약을) 먹어

〈SCENE①〉

이　　 안녕하세요.

약사　 안녕하세요. 오랜만이네요.

이　　 네, 감기에 걸리고 말아서…. 이거 처방전이요.

약사　 네, 접수번호는 14번이에요. 기다려 주세요.

이　　 네, 그럼, 좀 이따가 올게요.

〈SCENE②〉

약사　 오늘은 감기약이 나왔어요. 하루 세 번 식후에 드세요.

이　　 네.

패턴 회화 표현

패턴 익히기로 회화력 **UP!**

💬 **～てしまって** ~하고 말아서, ~해버려서

- **熱^{ねつ}が出^でてしまって。** 열이 나고 말아서.
- **診察券^{しんさつけん}を忘^{わす}れてしまって。** 진찰권을 잊고 와버려서.

💬 **少^{すこ}ししてから** 조금 이따가

- **少^{すこ}ししてから連絡^{れんらく}します。** 조금 이따가 연락할게요.
- **少^{すこ}ししてから戻^{もど}ります。** 조금 이따가 돌아오겠습니다.

문화와말 문화를 알면 말이 술~술

일본에서 생활하다 보면 한국과 다른 점을 많이 발견하게 되는데요, 처방전을 받아 약국에 전달하면 기다리는 시간이 제법 길다는 데에 놀라게 될지도 모르겠어요. 기다리는 사람이 없는데도 10분 이상, 붐빌 때는 한 시간 이상 기다리는 경우도 있어요.

요즘에는 お薬手帳(약 수첩)라는 것을 받아서, 자기가 먹은 약을 기록해야 해요. 약국에 갈 때는 이 수첩을 가지고 가도록 해요.

한편, 약값을 저렴하게 하고 싶으면 이렇게 말해 보세요.

- **ジェネリック薬品^{やくひん}にしてください。** 제네릭 의약품으로 해 주세요.

ジェネリック薬品^{やくひん}은 후발 의약품을 뜻해요.

한국어를 참고하여 공란에 들어갈 일본어 표현을 쓰고 말해 보세요.

01 더 싼 것 있나요?

　　　　　　　　　　　　　　　　　　のありますか。

02 허리 부분이 꽉 끼어요.

腰の　　　　　　　　　　　　　　　です。

03 커피와 홍차 어느 쪽으로 하시겠어요?

コーヒーと紅茶、　　　　　　　　　　　　。

04 신발이 안 맞아서 아파요.

靴が　　　　　　　　　　　　　痛いです。

05 일본스럽다.

日本　　　　　　　　　　。

06 젓가락 세 쌍 주세요.

お箸　　　　　　　　　　　ください。

07 플레인과 초코, 하나씩 주세요.

プレーンとチョコ、　　　　　　　　　　ください。

08 입어 봐도 되나요?

試着 　　　　　　　　　　　　　　。

09 목이 아파요.

喉が 　　　　　　　　　　　　　　。

10 일주일치 주세요.

一週間 　　　　　　　　　　　　　 ください。

11 파스도 함께 부탁해요.

しっぷ 　　　　　　　　　　　　 お願いします。

12 열이 나고 말아서.

熱が出 　　　　　　　　　　　　　　。

공연 관람①

あの、当日券ありますか。

저기요, 당일권 있나요?

관광에도 여러 가지가 있는데요, 공연을 보러 가는 경우도 많아요.
예정에 없는 공연을 간다면 현장에서 표를 구입해야 하죠.
그럴 땐 이렇게 말해 봐요.

 Track **043**

イ
李 あの、当日券ありますか。

受付 2時からの回は売り切れです。

8時からの回はあります。

李 じゃあ、8時からの回、2枚ください。

受付 S席、A席、B席があります。

李 A席で。

어구

□ チケット 티켓, 표 □ 売り場 파는 곳 □ 窓口 창구 □ 当日券 당일권
□ ～からの ~부터 시작하는 □ 回 회 □ 売り切れ 품절
□ ～枚 ~장(얇고 넓은 물건을 세는 단위) □ 席 좌석, 자리

이	저기요, 당일권 있어요?
접수원	2시 회차는 품절이에요. 8시 회차는 있습니다.
이	그럼, 8시 회차 두 장 주세요.
접수원	S석, A석, B석이 있습니다.
이	A석으로.

패턴 회화 표현

💬 **～時からの回** ~시부터 회차

- **10時からの回ありますか。** 10시 회차 있나요?

- **19時からの回がいいです。** 19시 회차가 좋아요.

💬 **～枚ください** ~장 주세요

- **2枚ください。** 두 장 주세요.

- **3枚ください。** 세 장 주세요.

🕊️문화와말 문화를 알면 말이 술~술

일본의 유명한 극단으로 100년 이상의 전통을 자랑하는 다카라즈카가극단(宝塚歌劇団)이 있어요. 배우는 모두 여성이고, 남자 역할도 여성이 하죠. 1914년 첫 공연을 한 이래 지금까지 사랑을 받고 있다네요. 남자 역할을 男役라고 하는데요, 여자 역할을 뭐라고 할까요? 정답은 女役가 아니라 娘役예요.

入り口はどこですか。

입구는 어디죠?

공연장에 가면 자리 찾기가 힘든 경우가 있어요.
이럴 땐 안내 직원에게 물어 보는 것이 최고죠. 이렇게 물어보세요.

🎧 Track **044**

李　席はここなんですけど、入り口はどこですか。

案内　2階に上がって、Cゲートからお入りください。

李　わかりました。あと、グッズ売り場はどこですか。

案内　正面入口近くのブースにあります。

李　ありがとうございます。

📝 어구

☐ 〜なんですけど ~인데요(なん을 붙인 것은 강조 의미)　☐ 入り口 입구　☐ 〜階 ~층
☐ 上がって 올라가서　☐ ゲート 게이트, 문　☐ お入りください 들어가세요(경어)
☐ グッズ 상품　☐ 売り場 매장, 파는 곳　☐ 正面 정면　☐ 近く 근처
☐ ブース 부스(칸막이 된 공간)

이	좌석은 여기인데요, 입구는 어디죠?
안내	2층으로 올라가 C게이트로 들어가세요.
이	알겠습니다. 그리고 상품 매장은 어디죠?
안내	정면 입구 근처의 부스에 있습니다.
이	고마워요.

패턴 회화 표현

💬 ～なんですけど ～인데요

● 初めてなんですけど。 처음인데요.

● 行きたいのはここなんですけど。 가고 싶은 곳은 여기인데요.

💬 ～に上がって ～로 올라가서

● 上に上がってすぐです。 위로 올라가 바로입니다.

● 3階に上がってください。 3층으로 올라가세요.

🌸 문화와 말 문화를 알면 말이 술~술

일본에서 돔 구장 하면 도쿄돔이 떠오르죠. 요미우리 자이언츠가 홈구장으로 사용하며, 공연장으로 대여하기도 해요. 바로 이 도쿄돔에서의 공연을 꿈꾸는 아티스트들도 많아요. 웬만한 인기가 아니고는 도쿄돔에서의 라이브 공연은 어렵다는 뜻이겠죠. 바로 이 도쿄돔에서 공연한 한국의 아티스트로는 동방신기, EXO, TWICE 등이 있어요.

絶叫系に乗れる？

スリル 있는 거 탈 수 있어?

놀이공원에 가면 재미있는 것, 무서운 것 등 여러 가지 탈 것이 많죠.
그 중에서 너무 스릴이 넘쳐서 소리를 질러대게 되는 것을 絶叫系라고 하죠.

🎧 Track **045**

李 　吉田君は、絶叫系に乗れる？

吉田　大好き！ジェットコースターとか。

李 　私、苦手なんだ。

吉田　え、そうなの。じゃあ、何がいい？

李 　お化け屋敷は？

吉田　いいよ。待ち時間は…、４０分だって。

李 　並ぼう。

✏️ 어구

☐ **絶叫系** 놀이기구 중에서 이용 중 무서워서 소리를 지르게 되는 종류
☐ **ジェットコースター** 제트코스터　☐ **苦手** 잘 못함　☐ **お化け屋敷** 귀신(유령)의 집
☐ **待ち時間** 기다리는 시간　☐ **並ぼう** 줄 서자

이	요시다 군, 스릴 있는 거 탈 수 있어?
요시다	완전 좋아해! 제트코스터라든가.
이	난 잘 못 타.
요시다	어, 그래? 그럼 뭐가 좋아?
이	유령의 집?
요시다	좋아. 기다리는 시간은…, 40분이래.
이	줄 서자.

패턴 회화 표현

패턴 익히기로 회화력 **UP!**

何（誰、何時…）がいい？ ~무엇(누구, 몇 시)이 좋아?

● この中で何がいい？ 이 중에서 뭐가 좋아?

● 明日は何時がいい？ 내일은 몇 시가 좋아?

~だって ~이래

● 1時間待ちだって。 1시간 대기래.

● これ、お酒だって。 이거 술이래.

문화와말 문화를 알면 말이 술~술

일본의 놀이공원 중에 후지큐하이랜드(富士急ハイランド)라는 곳이 있어요. 이곳의 놀이기구 중에는 낙하각도, 회전수 등에서 기네스가 인정한 세계 제일의 제트코스터가 있어요. 얼마나 대단 하고 무서운지 한번 도전해 보는 건 어떨까요?

写真撮ってもいいですか。

사진 찍어도 되나요?

외국에 가면 유명한 박물관이나 미술관을 들르는 일도 있죠.
박물관이나 미술관은 특별한 장소이니만큼 지켜야 할 에티켓도 많아요.

🎧 Track **046**

学芸員	お客様、立ち止まらずにお進みください。
李	あ、すみません。
	これ、写真撮ってもいいですか。
学芸員	すみません、館内は撮影禁止です。
	館外の作品なら撮影いただけます。
李	そうなんですね。
学芸員	ご協力よろしくお願いします。

어구

☐ **立ち止まらず** 멈춰 서지 말고(ず는 부정을 나타내는 말. 예: 食べず 먹지 않고) ☐ **写真** 사진
☐ **撮っても** 찍어도 ☐ **館内** 관내 ☐ **撮影** 촬영 ☐ **禁止** 금지 ☐ **館外** 관외 ☐ **作品** 작품
☐ **〜いただけます** ~하실 수 있습니다 ☐ **ご協力** 협력, 협조

학예원	손님, 멈춰 서지 말고 진행해 주세요.
이	아, 미안해요. 이거 사진 찍어도 되나요?
학예원	죄송합니다. 관내는 촬영 금지예요. 관외 작품이라면 촬영하실 수 있습니다.
이	그렇군요.
학예원	협조 잘 부탁드립니다.

패턴 회화 표현

패턴 익히기로 회화력 **UP!**

💬 **〜ずに** ~지 않고

● 返事_{へんじ}もせずに行_いってしまった。 대답도 하지 않고 가 버렸다.

● 何_{なに}も食_たべずに来_きました。 아무것도 먹지 않고 왔습니다.

💬 **〜てもいいですか** ~해도 돼요?

● 飲_のんでもいいですか。 마셔도 돼요?

● 触_{さわ}ってみてもいいですか。 만져 봐도 돼요?

💬 **〜いただけます** ~하실 수 있습니다

● おみやげ屋_やで購入_{こうにゅう}いただけます。 선물 가게에서 구입하실 수 있습니다.

● 確認_{かくにん}いただけますか。 확인해 주실 수 있습니까?

🦢 문화와말 문화를 알면 말이 술~술

관광객에게 인기 있는 박물관, 미술관 하면 도쿄의 에도도쿄박물관(江戸東京博物館_{えどとうきょうはくぶつかん})과 미타카노 모리 지브리 미술관(三鷹_{みたか}の森_{もり}ジブリ美術館_{びじゅつかん}), 조각의 숲 미술관(彫刻_{ちょうこく}の森美術館_{もりびじゅつかん}) 등이 있어요. 지브리 미술관은 한국인에게도 친숙한 〈이웃집 토토로〉를 만든 미야자키 하야오 감독이 아이디어를 내서 만든 미술관으로 해외 관광객에게 인기가 좋아요.

에도도쿄박물관

지브리 미술관

조각의 숲 미술관

お肌がつるつるになります。

피부가 맨들맨들해져요.

일본 하면 떠오르는 것 중에 온천이 상위에 랭크되죠.
특히 노천 온천은 한번 경험하는 것 자체로 오랜 추억이 될 거예요.

 Track **047**

李 温泉、久しぶりなんです。

仲居 ここは露天風呂が絶景で、有名ですよ。

李 わあ、素敵。

仲居 炭酸の温泉で、お肌がつるつるになります。

李 いいですね！

仲居 ごゆっくり。

🖊️어구

☐ 温泉 온천 ☐ 仲居 온천의 종업원 ☐ 露天風呂 노천 온천 ☐ 絶景 절경 ☐ 有名 유명
☐ 素敵 멋짐(여기서는 '와아, 멋져!'처럼 감탄사로 쓰임) ☐ 炭酸 탄산 ☐ お肌 피부
☐ つるつる 맨들맨들 ☐ いいですね 좋네요 ☐ ごゆっくり 천천히, 느긋하게

이　　　온천, 오랜만이에요.
종업원　이곳은 노천 온천이 절경으로 유명해요.
이　　　우와, 멋져.
종업원　탄산 온천으로, 피부가 맨들맨들해져요.
이　　　좋네요!
종업원　천천히 (즐기세요).

패턴 회화 표현

패턴 익히기로 회화력 **UP!**

💬 **〜なんです** ~(이)거든요

- 初^{はじ}めてなんです。 처음이거든요.
- 韓国人^{かんこくじん}なんです。 한국인이거든요.

💬 **〜になります** ~해집니다

- 肌^{はだ}がすべすべになります。 피부가 매끈매끈해져요.
- 掃除^{そうじ}をして部屋^{へや}がぴかぴかになりました。
  청소를 해서 방이 번쩍번쩍해졌어요.

🕊 문화와 말 문화를 알면 말이 술~술

만약 온천에 가게 된다면, 목욕 가운(浴衣^{ゆかた})을
받아요. 그런데 이 목욕 가운을 입을 때는 조심
해야 할 것이 있어요. 바로 왼쪽 옷깃이 위로 오
도록 입어야 한다는 사실이에요. 오른쪽 옷깃이
위로 오게 입으면 죽은 이의 옷차림이 되기 때
문이에요.

屋台が色々あるね。
や たい　 いろ いろ

포장마차가 다양하게 있네.

일본에서는 여름이 되면 축제가 많이 열리죠. 불꽃놀이도 하고요.
축제가 열리는 곳이면 포장마차들이 즐비하고 포장마차를 즐기는
재미도 쏠쏠하답니다.

 Track **048**

李　　屋台が色々あるね。
　　　や たい　 いろいろ

吉田　やきそば、たこ焼き、ラムネもお祭りの定番だね。
よし だ　　　　　　　　　　　や　　　　　　　　　　まつ　　　 ていばん

李　　あ、あれ食べたい。
　　　　　　　　　 た

吉田　なに？ あ、わたあめか。

李　　ふわふわで、なんかかわいくない？

吉田　服とか髪につくとべたべたになるから、
　　　ふく　　かみ

　　　気をつけてね。
　　　き

✐어구

□ 屋台 포장마차　□ 色々 여러 가지　□ やきそば 야키소바　□ たこ焼き 다코야키
　や たい　　　　　　いろ いろ　　　　　　　　　　　　　　　　　　　　　　　や

□ ラムネ 라무네, 탄산 음료　□ お祭り 축제　□ 定番 행사 등에서 빠지지 않고 꼭 등장하는 것
　　　　　　　　　　　　　　　　まつ　　　　ていばん

□ 食べたい 먹고 싶다　□ わたあめ 솜사탕　□ ふわふわ 뭉실뭉실　□ なんか 왠지
　た

□ かわいくない？ 귀엽지 않니?　□ ～とか ~라든가　□ つく 붙다　□ べたべた 끈적끈적

이	포장마차가 여러 가지 있네.
요시다	야키소바, 다코야키, 라무네도 축제에 빠져서는 안 되지.
이	아, 저거 먹고 싶어.
요시다	뭐? 아, 솜사탕!
이	뭉실뭉실한 게 왠지 귀엽지 않아?
요시다	옷이나 머리카락에 묻으면 끈적끈적해지니까 조심해.

패턴 익히기로 회화력 **UP!**

패턴 회화 표현

💬 **い형용사 ＋ くない？** ~지 않아?

● 今日寒くない？ 오늘 춥지 않아?

● あの人、格好良くない？ 저 사람 멋있지 않아?

💬 **～とか** ~라든지

● A: お誕生日のプレゼントに何がいいかなあ。 생일 선물로 뭐가 좋을까?

B: 冬だから、マフラーとか帽子なんかはどう？
겨울이니까 머플러나 모자 같은 건 어때?

문화와말 문화를 알면 말이 술~술

여름 하면 불꽃놀이, 불꽃놀이 하면 축제가 생각나죠. 그리고 축제 하면 볼거리도 좋지
만, 다양한 포장마차를 빼 놓을 수 없어요. 포장마차 중에서도 없어서는 안 될 포장마차
는 야키소바, 오코노미야키, 얼음 빙수, 라무네, 사과사탕, 솜사탕 등이 있어요. 그리고
축제의 거리를 만끽하고 싶다면 유카타를 한번 입어 보는 것도 여행의 추억이 되겠네요.

やった、大吉だ。

얏호! 대길이야.

한국 사람이 자주 찾는 곳 중에 사찰이 있어요.
일본에는 신도(神道)라는 신앙이 있는데요, 신을 모신 곳은 신사(神社)라고 한답니다.

Track **049**

李	お賽銭は5円にしよう。
	ご縁がありますように。
吉田	あ、おみくじ引いていく？
李	そうだね。…吉田君、結果は？
吉田	やった、大吉だ！いいことあるかも。
李	私は中吉！まあまあかな。
	そうだ、お守りも買って行こう。
吉田	色々あるね。金運、仕事運、恋愛運…。

어구

☐ お賽銭 불전(신불에 참배하고 올리는 돈) ☐ ご縁 연, 인연(특히 좋은 의미를 가짐)
☐ おみくじ 제비뽑기 ☐ 引いて 뽑고 ☐ 結果 결과 ☐ 大吉 대길(운이 아주 좋음)
☐ 中吉 중길(운이 중간 정도로 좋음) ☐ まあまあ 그럭저럭 ☐ お守り 부적 ☐ 金運 금전운
☐ 仕事運 사업운 ☐ 恋愛運 연애운

114

이	불전은 5엔으로 하자. 좋은 인연이 있기를.

이　불전은 5엔으로 하자. 좋은 인연이 있기를.

요시다　참! 제비 뽑고 갈까?

이　그러자! (잠시 후) 요시다 군, 결과는?

요시다　얏호! 대길이야. 좋은 일이 있을지도 (모르겠네).

이　나는 중길! 그럭저럭 좋은 건가? 참! 부적도 사 가자.

요시다　여러 가지가 있네. 금전운, 사업운, 연애운….

패턴 회화 표현

💬 〜ますように 〜하기를(기원)

- だい がく　う
  大学に受かりますように。 대학에 붙기를 (바랍니다).

- あした　かのじょ　あ
  明日、彼女に会えますように。 내일 그녀를 만날 수 있기를.

- は
  晴れますように。 (날씨가) 맑기를.

💬 명사/동사 사전형 + かも 〜일지도/〜할지도 (모른다)

- ふ りょうひん
  これは不良品かも。 이것은 불량품일지도.

- わか
  このままだと別れるかも。 이대로라면 헤어질지도.

🔶문화와말 문화를 알면 말이 술~술

신사에 가서 제비(오미쿠지)를 뽑 았는데, 아쉽게도 안 좋은 결과가 나왔다면 어떨까요? 모처럼 간 여 행지에서 아무리 재미로 뽑아 본 제비이지만, 기분이 안 좋은 건 어 쩔 수 없겠죠.

運勢　大吉

何の問題もありませんが
勢いに乗ってやりすぎてはいけません
現在は盛運ですが　先の事を考えてください
頼まれ事や厄介事を引き受けて苦労しそうです
気を付けてください

要点
お金も名誉も持てる時　持てるものの悩みあり

이럴 때는 みくじ掛けら고 적힌 곳에 묶어 두고 오면 돼요. 그러면 안 좋은 운을 그곳에 두고 온다는 뜻이 된다네요. 물론 좋은 운이 나왔다면 지갑에 넣으면 돼죠. 좋은 운이 여 행 내내 따라다닐 거예요.

한국어를 참고하여 공란에 들어갈 일본어 표현을 쓰고 말해 보세요.

01 10시부터 회차 있나요?

10時 ＿＿＿＿＿＿＿＿＿＿＿＿＿ ありますか。

02 처음인데요.

初めて ＿＿＿＿＿＿＿＿＿＿＿＿＿ 。

03 위로 올라가 바로입니다.

上 ＿＿＿＿＿＿＿＿＿＿＿＿＿ すぐです。

04 이 중에서 뭐가 좋아?

この中で ＿＿＿＿＿＿＿＿＿＿＿＿＿ ？

05 아무것도 먹지 않고 왔습니다.

何も食べ ＿＿＿＿＿＿＿＿＿＿＿＿＿ 来ました。

06 마셔도 돼요?

飲ん ＿＿＿＿＿＿＿＿＿＿＿＿＿ いいですか。

07 확인해 주실 수 있습니까?

確認 ＿＿＿＿＿＿＿＿＿＿＿＿＿ 。

08 피부가 매끈매끈해져요.

肌がすべすべ _____ 。

09 오늘 춥지 않아?

今日寒 _____ ?

10 겨울이니까 목도리나 모자 같은 건 어때?

冬だからマフラー _____ 帽子なんかはどう？

11 대학에 붙기를 (바랍니다).

大学に受かり _____ 。

12 이것은 불량품일지도.

これは不良品 _____ 。

일본

여행 편

お<ruby>預<rt>あず</rt></ruby>けの<ruby>荷物<rt>に もつ</rt></ruby>はありますか。

맡길 짐은 있나요?

해외 여행을 위해 공항에 도착하면 우선 항공사 수속을 하게 돼요.
항공사 수속 시 나누게 되는 기본적은 대화를 익혀 두어요.

Track **050**

<ruby>係員<rt>かかりいん</rt></ruby>	お<ruby>預<rt>あず</rt></ruby>けの<ruby>荷物<rt>に もつ</rt></ruby>はありますか。
<ruby>李<rt>イ</rt></ruby>	はい。これです。
<ruby>係員<rt>かかりいん</rt></ruby>	そちらに<ruby>乗<rt>の</rt></ruby>せてください。
	こちら<ruby>荷物<rt>に もつ</rt></ruby>の<ruby>引<rt>ひ</rt></ruby>き<ruby>換<rt>か</rt></ruby>え<ruby>券<rt>けん</rt></ruby>です。
<ruby>李<rt>イ</rt></ruby>	どうも。
<ruby>係員<rt>かかりいん</rt></ruby>	<ruby>座席<rt>ざ せき</rt></ruby>は、<ruby>窓側<rt>まどがわ</rt></ruby>と<ruby>通路側<rt>つう ろ がわ</rt></ruby>、ご<ruby>希望<rt>き ぼう</rt></ruby>ありますか。
<ruby>李<rt>イ</rt></ruby>	できれば<ruby>窓側<rt>まどがわ</rt></ruby>で。

어구

- お<ruby>預<rt>あず</rt></ruby>け 맡김 - そちら 그쪽 - <ruby>乗<rt>の</rt></ruby>せてください 올려 주세요
- こちら 원래는 '이쪽'이라는 뜻이지만, 여기에서는 '이것(これ)' 대용으로 사용. 정중한 느낌을 줌.
- <ruby>引<rt>ひ</rt></ruby>き<ruby>換<rt>か</rt></ruby>え<ruby>券<rt>けん</rt></ruby> 교환권 - <ruby>座席<rt>ざ せき</rt></ruby> 좌석 - <ruby>窓側<rt>まどがわ</rt></ruby> 창 쪽 - <ruby>通路側<rt>つう ろ がわ</rt></ruby> 통로 쪽 - ご<ruby>希望<rt>き ぼう</rt></ruby> 희망
- できれば 가능하면, 되도록

담당원 맡길 짐은 있습니까?

이   네, 이것입니다.

담당원 거기에 올려 주세요. 여기 짐 교환권입니다.

이   고마워요.

담당원 좌석은 창 쪽과 통로 쪽, 희망하시는 쪽이 있습니까?

이   가능하면 창 쪽이요.

패턴 회화 표현

패턴 익히기로 회화력 UP!

💬 **(お)手荷物、(お)預け荷物** 수하물/탁송 수하물

- お預け荷物は他にありますか。 탁송 수하물은 별도로 있습니까?

- これは手荷物で持ち込みます。 이것은 수하물로 가지고 타겠습니다.

💬 **できれば〜で** 가능하면 ~(으)로

- できれば前の方で。 가능하면 앞 쪽으로.

- できれば通路側で。 가능하면 통로 쪽으로.

🕊 문화와말 문화를 알면 말이 술~술

외국 여행 시, 항공사 카운터에서 탑승 수속을 할 때 짐도
함께 맡기죠.

맡기는 짐은 預け荷物라고 해요. 그리고 직접 가지고 타
는 짐은 手荷物라고 하죠.

가지고 타는 짐 안에는 라이터나 스프레이 같은 인화성
물질, 칼처럼 위험한 물건, 물을 포함한 액체 등은 넣으면
안 돼요. 보안 검색대에서 모두 걸러지게 되죠.

단, 물은 보안 검색대를 통과하여 면세점 등에서 구입하
여 마실 수 있어요.

入国申告書、ください。

入국 신고서 주세요.

여행차 외국으로 갈 때면 입국 신고서를 작성해야 하죠.
비행기에 입국 신고서가 비치되어 있으니, 승무원에게 요청하여 작성해요.

Track **051**

📁 シーン①

イ
李　**入国申告書、ください。**

CA　**英語のものでよろしいですか。**

李　**はい。あとボールペンありますか。**

CA　**どうぞ。**

📁 シーン②

李　**すみません、機内販売の注文がしたいんですけど。**

CA　**はい、クレジットでお支払いですか。**

李　**現金で。**

✏️ 어구

☐ 入国申告書 입국 신고서　☐ 英語 영어　☐ ～のもの ~의 것　☐ あと 그리고
☐ ボールペン 볼펜　☐ すみません 실례합니다　☐ 機内販売 기내 판매　☐ 注文 주문
☐ クレジット 신용카드　☐ お支払い 지불　☐ 現金 현금

〈SCENE①〉

이　　　 입국 신고서 주세요.

승무원　 영어로 된 것이면 됩니까?

이　　　 네. 그리고 볼펜 있나요?

승무원　 여기요.

〈SCENE②〉

이　　　 여기요, 기내 판매 주문을 하고 싶은데요.

승무원　 네, 신용카드로 지불하실 건가요?

이　　　 현금으로요.

패턴 회화 표현

💬 **～のもの** ~의 것, ~로 된 것

● 韓国語のものありますか。 한국어로 된 것 있습니까?
かんこく ご

● 日本語のものでいいです。 일본어로 된 것이면 됩니다.
に ほん ご

💬 **～でお支払いですか** ~로 지불하실 건가요?
し はら

● クレジットでお支払いですか。 신용카드로 지불하실 건가요?
し はら

● キャッシュカードでお支払いですか。 현금카드로 지불하실 건가요?
し はら

🔱 문화와말 문화를 알면 말이 술~술

여행이나 비즈니스로 일본에 입국할 때는 '입국 신고서'라는 것을 작성하게 되어 있어요.
이름, 생년월일, 나라 및 도시, 입국 목적, 비행기 편명, 체재 예정일 등을 적게 되어 있는데
요, 마지막으로 일본에서 지낼 곳의 주소를 적는 칸이 있어요.

그런데 만약 일본에서 묵을 호텔 바우처나 연
락처 등을 맡기는 짐에 넣어버리는 경우도 종
종 있어요.

이런 일을 방지하기 위해서는 비행기에 탑승
할 때 호텔 예약서를 가지고 타는 것이 좋아
요. 호텔 주소 및 전화번호를 적어 두어도 괜
찮겠네요.

비행기에서②

お飲み物は何になさいますか。
음료는 무엇으로 하시겠습니까?

비행기를 타는 재미 중 하나는 식사와 음료 제공에 있죠.
식사를 맛있게 드셨다면 이번에는 음료를 골라볼 차례네요.

 Track **052**

CA お飲み物は何になさいますか。

李 アルコールは何がありますか。

CA ビール、赤ワイン、白ワイン、日本酒があります。

李 ビールで。あ、やっぱり白ワインで。

CA 白ワインですね。

📝 **어구**

□ お飲み物 음료 □ 何に 무엇으로 □ なさいますか 하시겠습니까? □ アルコール 알코올
□ ビール 맥주 □ 赤ワイン 적포도주 □ 白ワイン 백포도주 □ 日本酒 일본 술
□ やっぱり 역시

승무원	음료는 무엇으로 하시겠습니까?
이	주류는 무엇이 있나요?
승무원	맥주, 적포도주, 백포도주, 일본 술이 있습니다.
이	맥주요. 아! 역시 백포도주요.
승무원	백포도주요.

패턴 회화 표현

패턴 익히기로 회화력 UP!

💬 **～は何がありますか** ~는 뭐가 있어요?

- 日本酒は何がありますか。 일본 술은 뭐가 있어요?
- お菓子は何がありますか。 과자는 뭐가 있어요?

💬 **やっぱり～で** 역시 ~로 해 주세요

- やっぱりドリアで。 역시 도리아로 해 주세요.
- やっぱりホットで。 역시 따뜻한 것으로 해 주세요.

📃 문화와 말 문화를 알면 말이 술~술

비행기가 안정적인 궤도에 진입하면 음료 등을 요청할 수 있어요. 특히 식사와 함께 제공되는 음료는 우유, 주스, 콜라를 비롯해 맥주, 와인 등도 요청할 수 있죠. 특히 항공사에 따라서는 오리지널 와인과 일본 술을 제공하는 곳도 있다네요.
일본 여행에서 비행기 탑승 시간은 비록 짧지만, 식사와 음료 등을 즐길 수 있는 기회가 있다는 것도 여행의 즐거움 아닐까요?

<ruby>観<rt>かん</rt></ruby><ruby>光<rt>こう</rt></ruby>です。

観光です。

관광입니다.

목적지 공항에 도착하면 입국 심사를 받게 돼요.
심사관에게 여권을 주면 입국 목적과 일정을 묻죠. 이렇게 답하세요.

Track **053**

<ruby>審査官<rt>しんさかん</rt></ruby>　パスポートを<ruby>出<rt>だ</rt></ruby>してください。

李　　　　はい。

<ruby>審査官<rt>しんさかん</rt></ruby>　<ruby>目的<rt>もくてき</rt></ruby>は？

李　　　　<ruby>観光<rt>かんこう</rt></ruby>です。４<ruby>日間<rt>よっかかん</rt></ruby>です。

<ruby>審査官<rt>しんさかん</rt></ruby>　<ruby>指<rt>ゆび</rt></ruby>を<ruby>置<rt>お</rt></ruby>いて、カメラを<ruby>見<rt>み</rt></ruby>てください。

李　　　　はい。

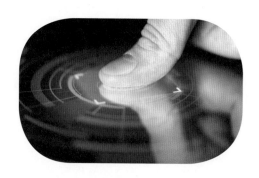

어구

□ パスポート 여권　□ <ruby>出<rt>だ</rt></ruby>してください 내 주세요　□ <ruby>目的<rt>もくてき</rt></ruby> 목적　□ <ruby>観光<rt>かんこう</rt></ruby> 관광　□ <ruby>指<rt>ゆび</rt></ruby> 손가락
□ <ruby>置<rt>お</rt></ruby>いて 놓고, 두고　□ カメラ 카메라

심사관   여권 내 주세요.

이   네.

심사관   목적은?

이   관광입니다. 4일간입니다.

심사관   손가락을 얹고 카메라를 봐 주세요.

이   네.

패턴 회화 표현

💬 **観光です** 관광입니다

- **出張です。** 출장입니다.

- **留学です。** 유학입니다.

- **ワーホリです。** 워킹 홀리데이입니다.

- **親族訪問です。** 친척 방문입니다.

💬 **〜間です** ~간입니다

- **三日間です。** 3일간입니다.

- **半年間です。** 반 년 동안입니다.

문화와 말   문화를 알면 말이 술~술

일본에 도착한 비행기에서 내리면 입국 심사를 받죠. 그때 양손 검지의 지문 등록을 해요.

세계적으로 지문 등록을 하는 나라는 일본 외에도 한국, 미국, 대만, 싱가포르, 말레이시아, 중국 등이 있어요.

SCENE 054 짐 찾기

荷物がまだ来ないんですけど…。

にもつ こ

짐이 아직 안 오는데요….

입국 심사가 끝나면 짐을 찾으러 가야 해요.
그런데 자기 짐이 나오지 않으면 어떻게 하죠? 이렇게 말해 보세요.

 Track 054

李　すみません、荷物がまだ来ないんですけど…。

係員　本当ですか。便名は…?

李　KE703 です。

係員　スーツケースの特徴は…?

李　グレーで、黄色のベルトがしてあります。

係員　あ、あれではないですか。

李　あ、本当だ。ありがとうございます！

 어구

□ 荷物 짐　□ まだ 아직　□ 来ない 오지 않다　□ 本当ですか 정말요?
□ 便名 (비행기 등의) 편명　□ グレー 그레이, 회색　□ 黄色 노란색　□ ベルト 벨트
□ 〜ではないですか ~이(가) 아닌가요?　□ 本当だ 맞다

128

이	실례지만, 짐이 아직 안 나오는데요.
담당원	정말요? 편명은…?
이	KE703요.
담당원	여행 가방 특징은…?
이	회색이고 노란 벨트가 매여 있어요.
담당원	아! 저거 아닌가요?
이	아, 맞다! 고맙습니다!

패턴 회화 표현

💬 **〜ない형 ＋んですけど** ~지 않습니다만, 안 ~하는데요

● 食^たべられないんですけど。 못 먹습니다만.

● 鍵^{かぎ}が開^あかないんですけど。 자물쇠가 열리지 않습니다만.

💬 **〜てあります** ~해 있습니다(인위적으로 해 놓은 상태)

● ベルトがしてあります。 벨트가 매여 있습니다.

● シールが貼^はってあります。 봉인지(실, 스티커)가 붙어 있습니다.

💠 문화와말 문화를 알면 말이 술~술

정말요? 진짜? 에이 아니겠지! 그럴 리가!
모두 같은 뜻을 나타내는 표현들이에요.
일본어에도 이와 유사한 표현들이 있는데요, 익혀 둘까요?

• 本当^{ほんとう}ですか？ 정말요?

• マジで？ 진짜?

• ほんと？ 정말?

• うそ！ 거짓말!

• うっそだー！ 거짓말이지!

• ありえない！ 그럴 리가!(직역하면 '있을 수 없어!')

SCENE 055 　리무진 버스 이용하기

東京駅まで１枚。
とうきょうえき　　　　　いちまい

도쿄 역까지 한 장이요.

공항에서 시내로 들어가는 교통 편은 여러 가지가 있겠죠.
대개는 전철이나 버스를 이용해요. 리무진 버스 표를 살 때는 이렇게 말하세요.

 Track 055

📁 シーン①

李　リムジンバスのチケット売り場はどこですか。

係員　チケットカウンターは、まっすぐ行って右にあります。

📁 シーン②

李　東京駅まで１枚。

受付　3,100円です。乗り場は７番と１７番です。

李　どっちが近いですか。

受付　ここからなら７番です。

✏️ 어구

□ リムジンバス 리무진 버스　□ チケット 티켓, 표　□ 売り場 매장　□ カウンター 카운터
□ まっすぐ 곧장　□ 行って 가서　□ 右 오른쪽　□ 東京駅 도쿄 역
□ ～枚 장(얇고 넓은 것을 세는 단위)　□ 乗り場 승차장　□ どっち 어느 쪽　□ 近い 가깝다
□ ここから 여기에서　□ ～なら ~(이)라면

130

〈SCENE①〉

이　　　리무진 버스 표 파는 곳은 어디죠?

담당원　티켓 카운터는 곧장 가서 오른쪽에 있습니다.

〈SCENE②〉

이　　　도쿄 역까지 한 장이요.

접수　　3,100엔입니다. 타는 곳은 7번과 17번입니다.

이　　　어느 쪽이 가깝나요?

접수　　여기서라면 7번입니다.

패턴 회화 표현

💬 **～売り場はどこですか** ~ 매장은 어디입니까?

● 靴売り場はどこですか。 신발 매장은 어디입니까?

● 紳士服売り場はどこですか。 신사복 매장은 어디입니까?

💬 **～からなら** ~부터라면, ~에서라면

● 今からならすぐ行けます。 지금부터라면 바로 갈 수 있습니다.

● 学校からなら近いです。 학교에서라면 가깝습니다.

🔻문화와말 문화를 알면 말이 술~술

리무진 버스는 목적지에 따라 버스 회사가 다르고, 표 파는 곳도 제각각 다른 곳에 있어요. 따라서 자신의 목적지를 정확하게 확인하고 타도록 해요.
어떻게 해야 할지 모를 때는 안내 데스크(インフォメーションデスク)에 물어보는 것이 제일 좋아요.

공항 안내 데스크

チェックインお願^{ねが}いします。

체크인 부탁해요.

공항에서 호텔까지는 잘 도착했을까요?
이젠 체크인 차례네요. 여권과 예약서를 가지고 프런트로 가세요.

🎧 Track **056**

李	チェックインお願^{ねが}いします。
	これ、予約書^{よ やくしょ}です。
フロント	李様^{イ さま}、本日^{ほんじつ}から２泊３日^{に はく みっか}で、
	喫煙^{きつえん}、シングルのお部屋^{へ や}ですね。
李	え？ 禁煙^{きんえん}です。
フロント	失礼^{しつれい}しました！ 禁煙^{きんえん}ですね。
	このカードにご記入^{き にゅう}ください。
李	はい。

快適に過ごせる
客室
Wi-Fi・有線LAN完備

✏️ **어구**

☐ チェックイン 체크인 ☐ 予約書^{よ やくしょ} 예약서 ☐ 本日^{ほんじつ} 오늘 ☐ ２泊３日^{に はく みっか} 2박 3일 ☐ 喫煙^{きつえん} 흡연
☐ シングル 싱글 ☐ お部屋^{へ や} 방 ☐ 禁煙^{きんえん} 금연 ☐ 失礼^{しつれい}しました 실례했습니다
☐ カード 카드 ☐ ご記入^{き にゅう} 기입

이	체크인 부탁해요. 여기 예약서요.
프런트	이○○ 님, 오늘부터 2박 3일이고, 흡연, 싱글 룸이죠.
이	네? 금연인데요.
프런트	실례했습니다! 금연이네요. 이 카드에 기입해 주세요.
이	네.

패턴 회화 표현

💬 〜の部屋 ~의 방

- ● ダブルの部屋はありますか。 더블 방은 있어요?
- ● 畳の部屋はありますか。 다다미방은 있어요?

💬 ご○○ください ~해 주세요

- ● ご確認ください。 확인해 주세요.
- ● ご理解ください。 양해 부탁드려요.

💎 문화와말 문화를 알면 말이 술~술

성수기 여행 시의 호텔 입실은 오후부터 가능한 경우가 많아요. 앞 손님이 12시까지 퇴실하면 청소를 한 후에 손님을 들이기 때문이죠.

이른 아침 비행기로 출발했다면 12시 이전에 호텔에 도착할 수도 있는데, 이런 경우는 일찍 도착한 사실을 밝히고 체크인만 한 후, 짐을 호텔에 맡겨 두고 호텔 주변을 관광할 수 있겠지요.

그럼, "좀 일찍 도착하고 말았는데요."라고 하려면 뭐라고 말해야 할까요?

● 早めについてしまったんですけど。

호텔 체크인②

無料のアメニティです。
무료 욕실 비품입니다.

호텔 비품 중에는 무료로 사용 가능한 것이 있고
유료로 이용해야 하는 것이 있어요. 미리 물어 두어야 비용을 줄일 수 있죠.

 Track **057**

フロント こちら、無料のアメニティです。

李 え、いいんですか。

フロント はい、ご自由にどうぞ。

李 迷っちゃうなぁ…。これは何ですか。

フロント そちらはヒノキの入浴剤です。

李 ヒノキって？

フロント 香りが良い木です。

李 へえ。じゃあこれ、いただきます。

✏️ 어구

☐ 無料 무료 ☐ アメニティ (호텔 등의) 욕실 비품 ☐ いいんですか 괜찮나요?
☐ ご自由に 자유롭게, 마음껏 ☐ どうぞ 쓰세요(앞에 오는 내용을 권하는 말)
☐ 迷っちゃう 잘 모르다 ☐ ヒノキ入浴剤 편백나무 향이 나는 입욕제 ☐ 香り 향기
☐ 良い 좋다 ☐ 木 나무 ☐ へえ 어머(놀람을 나타내는 감탄사) ☐ じゃあ 그럼
☐ いただきます 받겠습니다

프런트　여기요, 무료 욕실 비품입니다.

이　　　네? (받아도) 되나요?

프런트　네, 자유롭게 사용하세요.

이　　　뭐가 뭔지 잘 모르겠네. 이건 뭔가요?

프런트　그건, 히노키 입욕제입니다.

이　　　히노키가 뭐죠?

프런트　향기가 좋은 나무예요.

이　　　아~ 그럼 이거 받을게요.

패턴 회화 표현

💬 **～ちゃうなぁ** ~하네

● 来週試験だなんて焦っちゃうなぁ。 다음 주 시험이라니 초조해지네.

● 明日試合なんて、ドキドキしちゃうなぁ。
내일 시합이라니 두근두근거리네.

💬 **いただきます** 잘 먹겠습니다, 잘 받겠습니다

● A : クッキーです。一つどうぞ。 쿠키예요. 하나 드세요.
　B : いただきます。 잘 먹겠습니다.

● A : こちら、私の名刺です。 여기 제 명함입니다.
　B : あ、いただきます。 아, 잘 받겠습니다.

🦢 문화와말 　문화를 알면 말이 술~술

いただきます 하면 여러분은 어떤 말이 떠오를까요?
네, 바로 식사할 때 하는 인사말이 생각나시죠?
그런데 이 말은 상대로부터 무언가를 받을 때도 쓰는 말이에요.
왼쪽 회화문에서는 입욕제를 받을 때 사용했는데요, 비즈니스
장면에서 명함을 교환할 때, 상대의 명함을 받으면서 이 말을
할 수도 있어요.
기회가 되면 자신 있게 사용해 보세요.

朝食は何時からですか。

ちょうしょく　なんじ

아침 식사는 몇 시부터죠?

호텔에 묵으면 보통 아침 식사가 무료로 제공돼요.
빡빡한 여행 일정이라면 식사 제공 시간도 미리 알아 두세요.

 Track **058**

フロント　ご利用は初めてですか。
りよう　はじ

イ　　　　はい。
李

フロント　それでは施設の説明をいたします。朝食バイキ
しせつ　せつめい　ちょうしょく
　　　　　ングは2階のレストラン、大浴場は10階、売店
　　　　　にかい　　　　　　　だいよくじょう　じゅっかい　ばいてん
　　　　　は1階の奥にございます。
　　　　　いっかい　おく

李　　　　朝食は何時からですか。
ちょうしょく　なんじ

フロント　朝6時から10時までです。入り口で朝食券と、
あさろくじ　じゅうじ　　いぐち　ちょうしょくけん
　　　　　お部屋の鍵を見せてください。
　　　　　へや　かぎ　み

李　　　　わかりました。

フロント　ごゆっくりどうぞ。

어구

- [ ] ご利用 이용　[ ] 初めて 처음　[ ] 施設 시설　[ ] 説明 설명　[ ] いたします 하겠습니다
りよう　　　　はじ　　　　　しせつ　　せつめい
- [ ] 朝食 조식, 아침 식사　[ ] バイキング 뷔페　[ ] ～階 ~층　[ ] 大浴場 대욕탕　[ ] 売店 매점
ちょうしょく　　　　　　　　　　　　かい　　　　だいよくじょう　　ばいてん
- [ ] 奥 안쪽　[ ] ございます 있습니다　[ ] ～から～まで ~부터 ~까지　[ ] 入り口 입구
おく　　　　　　　　　　　　　　　　　　　　　　　　　　いぐち
- [ ] お部屋 방　[ ] 鍵 열쇠　[ ] ごゆっくり 느긋하게
へや　　　　かぎ

프런트	이용은 처음인가요?
이	네.
프런트	그럼 시설 설명을 드리겠습니다.
	조식 뷔페는 2층 레스토랑이고, 대욕장은 10층, 매점은 1층 안쪽에 있습니다.
이	조식은 몇 시부터죠?
프런트	아침 6시부터 10시까지입니다. 입구에서 조식 식권과 방 열쇠를 보여 주세요.
이	알겠습니다.
프런트	편히 쉬세요.

패턴 회화 표현

패턴 익히기로 회화력 UP!

💬 ～にございます ~에 있습니다

- トイレは上にございます。 화장실은 위에 있습니다.
- 駐車場は地下にございます。 주차장은 지하에 있습니다.

💬 ～からですか ~부터입니까

- チェックインは何時からですか。 체크인은 몇 시부터입니까?
- 夏休みは何月からですか。 여름방학은 몇 월부터입니까?

🕊 문화와말 문화를 알면 말이 술~술

일본의 호텔이나 여관에서 묵을 때, 공동 욕탕을 이용하게 되는데요, 어떤 곳은 한 개의 욕탕에 시간을 정해 두고 남자와 여자가 번갈아가면서 들어가게 되어 있는 곳도 있으므로, 미리 확인하고 이용하도록 해요.

部屋は何階ですか。

방은 몇 층이죠?

체크인을 위한 확인 사항과 궁금한 점이 해결되었다면
이젠 방(객실) 키를 받아서 이동합니다.
짐이 많을 때는 프런트 직원이 도와주네요.

🎧 Track **059**

フロント　こちら、お部屋の鍵です。カードキーです。

李　　　部屋は何階ですか。

フロント　12階の1207でございます。

ベルボーイ　お部屋までご案内します。こちらへどうぞ。

李　　　かばん、重くないですか。

ベルボーイ　大丈夫です。

李　　　色々入れすぎて…。力持ちですね。

ベルボーイ　恐れ入ります。

어구

□ カードキー 카드 키　□ ~でございます ~입니다(겸양어)　□ ご案内 안내
□ こちらへどうぞ 이쪽으로 오세요　□ 重くないですか 무겁지 않습니까?　□ 大丈夫 괜찮음
□ 入れすぎて 너무 많이 넣어서　□ ~しまって ~하고 말아　□ 力持ち 힘 센 사람
□ 恐れ入ります 고맙습니다, 과찬이십니다, 황송합니다(감사, 사과, 겸손 등을 나타내는 말)

프런트	여기 방 열쇠입니다. 카드 키입니다.
이	방은 몇 층이죠?
프런트	12층의 1207입니다.
벨보이	방까지 안내하겠습니다. 이쪽으로 오세요.
이	가방 무겁지 않나요?
벨보이	괜찮습니다.
이	여러 가지를 넣어서…. 힘이 세시네요.
벨보이	감사합니다.

패턴 회화 표현

패턴 익히기로 회화력 **UP!**

💬 **형용사 + くないですか?** ~지 않아요?

- <ruby>暑<rt>あつ</rt></ruby>くないですか。 덥지 않아요?
- <ruby>学校<rt>がっこう</rt></ruby>まで<ruby>遠<rt>とお</rt></ruby>くないですか。 학교까지 멀지 않아요?

💬 **~すぎて** 너무 많이 ~해서

- <ruby>食<rt>た</rt></ruby>べすぎて<ruby>気持<rt>きも</rt></ruby>ち<ruby>悪<rt>わる</rt></ruby>いです。 너무 많이 먹어서 속이 안 좋아요.
- <ruby>買<rt>か</rt></ruby>いすぎてかばんに<ruby>入<rt>はい</rt></ruby>りません。 너무 많이 사서 가방에 안 들어가요.

🕊 문화와말 문화를 알면 말이 술~술

외국 여행을 가면 호텔이나 식당에서 팁을 주는 문화가 정착
된 곳이 많아요. 그런데 일본은 한국과 마찬가지로 팁을 주는
문화가 없어요. 따라서 팁을 줄 필요는 없겠네요.
대신에 호텔 레스토랑에서는 '서비스 요금'이라는 명목으로
10%~15% 정도의 금액이 추가로 계산되는 곳도 있으니 참고
하세요.

お湯が出ないんですけど。

뜨거운 물이 안 나오는데요.

호텔에 묵게 되면 뜻하지 않은 일을 겪게 될 수도 있어요.
그럴 땐 당황하지 말고 프런트에 도움을 청하세요.

🎧 Track **060**

📁 シーン①

フロント　**はい、フロントでございます。**

李　**1207 です。**

　　あのう、シャワーのお湯が出ないんですけど。

フロント　**確認に行ってもよろしいでしょうか。**

李　**はい。**

📁 シーン②

フロント　**故障のようです。**

　　よろしければお部屋を変更します。

李　**じゃあ、お願いします。**

✏️어구

☐ **あのう** 저어(주저하며 말을 꺼낼 때 쓰는 말)　☐ **シャワー** 샤워　☐ **お湯** 뜨거운 물
☐ **出ない** 나오지 않다　☐ **確認** 확인　☐ **行っても** 가도　☐ **よろしいでしょうか** 괜찮겠습니까?
☐ **故障** 고장　☐ **~のようです** ~인 것 같습니다　☐ **よろしければ** 괜찮으시면　☐ **変更** 변경

〈SCENE①〉

프런트　네, 프런트입니다.

이　　　1207호입니다. 저어 샤워의 온수가 안 나오는데요.

프런트　확인하러 가도 괜찮겠습니까?

이　　　네.

〈SCENE②〉

프런트　고장인 것 같습니다. 괜찮으시면 방을 변경하겠습니다.

이　　　그럼, 부탁할게요.

패턴 회화 표현

패턴 익히기로 회화력 UP!

💬 **～ないんですけど** 안 ~하는데요

- ドアが開かないんですけど。 문이 안 열리는데요.

- バスが来ないんですけど。 버스가 안 오는데요.

💬 **～のようです** ~인가봐요

- 今日は欠席のようです。 오늘은 결석인가봐요.

- 聞き間違いのようです。 잘못 들었나 봐요.

🐦 문화와 말　문화를 알면 말이 술~술

외국 여행을 갈 때는 작든 크든 문제가 생기기 마련인데요, 특히 호텔의 경우는 여행 내내 몸을 쉬게 해야 할 곳이므로, 예약 전에 꼼꼼하게 확인해 보고 정하는 것이 좋겠지요.
요즘은 이용자들의 리뷰, 즉 이용 후기가 많이 등록되어 있으니 '트립어드바이저(tripadvisor)' 같은 여행 앱을 이용해 잘 점검해 보고 선택하면 좋겠네요.

爪切りを借りたいんですけど。

손톱깎이를 빌리고 싶은데요.

챙긴다고 챙겼지만, 여행지에 도착하면 꼭 한두 가지 빠진 물건이 있어요.
이럴 땐 호텔 측에서 빌려 쓸 수 있는지 물어보는 것도 좋은 방법이겠죠.

 Track **061**

李 　　 もしもし、爪切りを借りたいんですけど。

フロント　 はい、お部屋は…？

李 　　 1208です。

フロント　 かしこまりました。

　　　　　 他に必要なものはありますか。

李 　　 スマホの充電器もいいですか。

フロント　 すみません、充電器は貸出中です。

李 　　 そうですか。じゃあ、爪切りだけでいいです。

어구

- もしもし 여보세요(전화에서만)
- 爪切り 손톱깎이
- 借りたいんですけど 빌리고 싶은데요
- かしこまりました 알겠습니다
- 他に 그 외에
- 必要なもの 필요한 것
- スマホ 스마트폰
- 充電器 충전기
- 貸出中 대출 중
- そうですか 그렇습니까?
- ～だけ ~만, ~뿐
- ～でいいです ~(이)면 됩니다

이	여보세요. 손톱깎이를 빌리고 싶은데요.
프런트	네, 방은…?
이	1208입니다.
프런트	알겠습니다. 다른 필요한 것은 없습니까?
이	스마트폰 충전기도 되나요?
프런트	죄송하지만, 충전기는 다른 분께 빌려드린 상태입니다.
이	그렇군요. 그럼 손톱깎이만 빌려주셔도 괜찮습니다.

패턴 회화 표현

패턴 익히기로 회화력 **UP!**

💬 **〜だけ** ~만

- ● ひとつだけください。 하나만 주세요.
- ● 今日_{きょう}だけお願_{ねが}いします。 오늘만 부탁해요.

💬 **〜でいいです** ~면 충분합니다

- ● お酒_{さけ}は少_{すこ}しでいいです。 술은 조금이면 충분합니다.
- ● おにぎりは一_{ひと}つでいいです。 오니기리는 한 개면 충분합니다.

문화와말 문화를 알면 말이 술~술

일본어로 스마트폰은 スマホ라고 하고, 앱은 アプリ라고 해요.
일본어가 능숙하지 않을 때는 번역앱 Papago가 유명하고요, 대중교통 이용 시 환승 등의 정보를 알려 주는 Yahoo！乗_のり換_かえ案内_{あんない}라는 앱이 좋겠네요. 지도는 주로 구글 맵을 이용해요.

Papago

Yahoo！乗_のり換_かえ案内_{あんない}

구글 맵

地元の名物を食べたいです。
이 지역 명물을 먹고 싶어요.

여행에서 음식을 빼놓을 수는 없죠.
호텔 주변의 맛있는 집을 알고 싶을 때도 프런트에 문의!

 Track **062**

イ　あの、今からご飯を食べに行くんですけど。

フロント　はい、お客様。

李　おいしいお店を教えてください。

フロント　そうですね…。何がお好きですか。

李　地元の名物を食べたいです。

フロント　でしたら、近くにいいお店があります。

李　へえ、何のお店ですか。

✒️ **어구**

☐ 今 지금 ☐ ご飯 밥, 식사 ☐ 食べに行く 먹으러 가다 ☐ お客様 손님 ☐ おいしい 맛있다
☐ お店 가게 ☐ そうですね 글쎄요 ☐ お好き 좋아함 ☐ 地元 이 고장 ☐ 名物 명물
☐ 食べたい 먹고 싶다 ☐ でしたら 그렇다면 ☐ 近く 근처 ☐ いい 좋은 ☐ 何の 무슨

이	저어, 지금부터 밥을 먹으러 갈 건데요.
프런트	네, 손님.
이	맛있는 가게를 알려 주세요.
프런트	글쎄요…. 무엇을 좋아하십니까?
이	이 지역 명물을 먹고 싶어요.
프런트	그렇다면 근처에 좋은 가게가 있습니다.
이	와아! 무슨 가게예요?

패턴 회화 표현

패턴 익히기로 회화력 **UP!**

💬 **～を教えてください** ~을 알려 주세요

- おすすめを教えてください。 추천을 알려 주세요.
- 道を教えてください。 길을 알려 주세요.

💬 **동사 ます형 + たいです** ~하고 싶습니다

- 世界遺産を見たいです。 세계유산을 보고 싶습니다.
- 天ぷらうどんを食べたいです。 튀김 우동을 먹고 싶습니다.

🕊 문화와말 문화를 알면 말이 술~술

여행을 간 현지를 표현하는 말로 地元가 있어요.
예들 들면 왼쪽 회화문에서처럼 '이 지역 명물'이라고 말할 때는 地元の名物라고 하고,
'이 지역 사람(현지인)'이라고 말할 때는 地元の人라고 하죠.

地図をかいてくれますか。
ち ず

지도를 그려 줄래요?

좋은 가게를 소개 받았다면 위치도 확인해야겠죠.
특히 길눈이 어두운 사람이라면 꼼꼼하게 확인하고 가는 게 좋아요.

Track **063**

李　地図をかいてくれますか。
イ　ち ず

フロント　はい、もちろん。

李　どうも。私、方向音痴なので…。
イ　わたし ほうこう おんち

フロント　入口を出て右、二つ目の信号を左に曲がると、
いりぐち で みぎ ふた め しんごう ひだり ま
黄色い看板があります。
き いろ かんばん

李　お店の名前は…？
イ　みせ な まえ

フロント　「ごはんや」です。

李　今は混んでいますかね。
イ　いま こ

フロント　はい、たぶん。いつもすごい人ですから…。
ひと

어구

☐ 地図 지도　☐ もちろん 물론　☐ 方向音痴 길치(방향 감각이 부족한 사람)　☐ 入口 입구
ち ず 　　　　　　　　　　　　ほうこうおん ち 　　　　　　　　　　　　いりぐち

☐ 出て 나가서　☐ 右 오른쪽　☐ 二つ目 두 번째　☐ 信号 신호　☐ 左 왼쪽
で 　　　　みぎ 　　　ふた め 　　　　しんごう 　　　ひだり

☐ 曲がる 돌다, 꺾다　☐ 黄色い 노랗다　☐ 看板 간판　☐ 名前 이름
ま 　　　　　　　き いろ 　　　　　かんばん 　　　な まえ

☐ 混んでいますかね 붐빌까요?　☐ たぶん 아마　☐ いつも 언제나
こ

☐ すごい 굉장하다　☐ ～ですから ~이니까요

146

이	지도를 그려 주시겠어요?
프런트	네, 물론입니다.
이	고마워요. 전 길치라서요.
프런트	입구를 나가서 오른쪽으로, 세 번째 신호를 왼쪽으로 돌면, 노란색 간판이 있습니다.
이	가게 이름은…?
프런트	'ごはんや'입니다.
이	지금은 붐빌까요?
프런트	네, 아마도요. 항상 엄청난 인파거든요.

패턴 회화 표현

패턴 익히기로 회화력 UP!

💬 **～て + くれますか** ~해 주겠어요?

● 部屋を掃除してくれますか。 방을 청소해 주겠어요?

● 漢字を教えてくれますか。 한자를 알려 주겠어요?

● タクシーを呼んでくれますか。 택시를 불러 주겠어요?

● 少し静かにしてくれますか。 좀 조용히 해 주겠어요?

💬 **～ますかね** ~할까요?

● 明日は晴れますかね。 내일은 맑을까요?

● 斎藤さんはいつ来ますかね。 사이토 씨는 언제 올까요?

🕊 **문화와말** 문화를 알면 말이 술~술

여행을 갈 때면 구경할 곳이나 먹을 것을 잘 조사해서 가겠죠.
하지만 아무리 조사한다고 해도 처음 가는 곳을 현지인만큼 잘 아는 사람은 없을 거예요.
만약 호텔 주변에서 간단하게 한 끼를 해결하고 싶다면 호텔 직원에게 물어보세요.
그럼 어쩌면 특별한 곳을 알려 줄지도 모르잖아요.
잘 알려지지는 않았지만, 아주 좋은 곳을 일본어로는 穴場라고 해요.

チェックアウトお願^{ねが}いします。

체크아웃 부탁해요.

돌아갈 시간이 되면 호텔에서도 체크아웃을 해야죠.
추가 이용한 것이 없는지 확인하고 공항까지의 안내도 받을 수 있어요.

Track **064**

李	チェックアウトお願^{ねが}いします。
フロント	はい、追加^{つい か}のご精算^{せいさん}ございますか。
李	ありません。
フロント	ご利用^{り よう}ありがとうございました。
李	あのう、タクシーを呼^よんでくれませんか。
フロント	かしこまりました。どちらまでですか。
李	空港^{くうこう}まで。なるべく早^{はや}くお願^{ねが}いします。
フロント	ソファでお待^まちください。

🖊 어구

- ☐ チェックアウト 체크아웃 ☐ 追加^{つい か} 추가 ☐ ご精算^{せいさん} 정산 ☐ タクシー 택시
- ☐ 呼^よんで 불러 ☐ どちら 어디 ☐ 空港^{くうこう} 공항 ☐ なるべく 되도록, 가능하면 ☐ 早^{はや}く 빨리
- ☐ ソファ 소파 ☐ お待^まちください 기다려 주세요

이	체크아웃 부탁해요.
프런트	네, 추가 정산 있습니까?
이	없습니다.
프런트	이용해 주셔서 감사합니다.
이	저어, 택시를 불러 주시겠어요?
프런트	알겠습니다. 어디까지입니까?
이	공항까지요. 가능한 한 빨리 부탁합니다.
프런트	소파에서 기다려 주세요.

패턴 회화 표현

패턴 익히기로 회화력 **UP!**

💬 **〜てくれませんか** ~해 주지 않을래요?

● 話を聞いてくれませんか。 이야기를 들어 주지 않을래요?

● ゆっくり話してくれませんか。 천천히 말해 주지 않을래요?

💬 **なるべく〜く** 가능하면 ~하게

● なるべく短く切ってください。 가능하면 짧게 잘라 주세요.

● なるべく大きく書いてください。 가능하면 크게 써 주세요.

🔖 문화와말 문화를 알면 말이 술~술

자아, 이제 여행을 마무리해야 할 시간이 되었네요. 호텔 체크아웃 시간이에요.
어! 그런데 여행 욕심에 비행기 시간을 저녁으로 예약
해 두었으니, 호텔 방에서 짐은 빼야 하고, 공항에 일
찍부터 가서 시간을 허비할 수는 없죠.
이럴 땐 체크아웃을 하고 프런트에 짐을 맡겨 두고 가
까운 곳을 구경하고 와도 돼요.
체크아웃 한 상태에서 짐을 맡길 때는 짐 교환권(荷物
の引き換え券)을 꼭 챙겨 두도록 해요.

한국어를 참고하여 공란에 들어갈 일본어 표현을 쓰고 말해 보세요.

01 신용카드로 지불할 수 있나요?

クレジットカードで ⬚ 。

02 일본술은 뭐가 있어요?

日本酒 ⬚ 。

03 못 먹는데요.

食べられ ⬚ 。

04 벨트가 매여 있습니다.

ベルトがし ⬚ 。

05 학교에서라면 가깝습니다.

学校 ⬚ 近いです。

06 가능하면 앞쪽으로.

⬚ 前の方で。

07 더블 방은 있어요?

ダブル ⬚ ありますか。

소리 내어 직접 말해 보고
꼼꼼하게 빈칸에 적어 봐요!

08 너무 많이 먹어서 속이 안 좋아요.

食べ〔　　　　　　　　　〕気持ち悪いです。

09 오늘은 결석인가 봐요.

今日は欠席〔　　　　　　　　〕。

10 추천을 알려 주세요.

おすすめを〔　　　　　　　〕。

11 한자를 알려 주겠어요?

漢字を教え〔　　　　　　　〕。

12 천천히 말해 주지 않을래요?

ゆっくり話し〔　　　　　　　　〕。

정답

01 支払えますか   02 は何がありますか   03 ないんですけど   04 てあります
05 からなら   06 できれば   07 の部屋   08 すぎて   09 のようです
10 教えてください   11 てくれますか   12 てくれませんか

학교

생활 편

8号館はどこですか。

はち　ごう　かん

8호관은 어디죠?

어디든 처음 가는 곳은 목적지의 위치를 찾는 데 애를 먹어요.
모를 때는 물어보는 것이 제일이죠. 무엇이든 물어보는 습관이 좋아요.

Track **065**

📂 シーン①

崔　すみません、8号館はどこですか。

学生　8号館ですか。あの大きな建物の裏にあります。

崔　あの時計がある建物ですか。

学生　そうです。

崔　ありがとうございます。

📂 シーン②

崔　あのう、エレベーターはありますか。

学生　ないんです。階段はあっちです。

✏️ 어구

□ ～号館 ~호관　□ 大きな 큰　□ 建物 건물　□ 裏 뒤　□ あの 저　□ 時計 시계
□ エレベーター 엘리베이터　□ 階段 계단　□ あっち 저쪽

〈SCENE①〉

최　　　실례합니다. 8호관은 어디인가요?

학생　　8호관요? 저 큰 건물 뒤쪽에 있어요.

최　　　저 시계가 있는 건물 말인가요?

학생　　맞아요.

최　　　고마워요.

〈SCENE②〉

최　　　저어, 엘리베이터는 있나요?

학생　　없어요. 계단은 저쪽이에요.

패턴 회화 표현

〜な형용사 ＋ 명사 ~한 [명사]

- 小さなカップですね。 작은 컵이군요.

- 彼は親切な人ですよ。 그는 친절한 사람이에요.

〜がある ＋ 명사 ~이 있는 [명사]

- 喫煙席があるお店がいいです。 흡연석이 있는 가게가 좋습니다.

- ウォッシュレットがあるトイレが多いですね。
  비데가 있는 화장실이 많네요.

문화와말 문화를 알면 말이 술~술

처음 가는 곳이라면 찾아가는 것도 어렵지만, 목적지에 도착하면 제일 급한 것이 의외로 화장실인 경우가 많아요.
특히 학교에 면접이나 시험을 보러 갔다면 긴장한 탓에 갑자기 화장실이 급해질 때가 많죠. 그래서 낯선 곳에 갔다면 화장실을 먼저 확인해 두는 것도 급한 상황에서 도움이 되고, 모를 때, お手洗いはどこですか(화장실은 어디입니까?)라고 물으면 되겠지요.

となり、いいですか。

옆 자리 괜찮아요?

유학생들을 대상으로 하는 오리엔테이션에 참가했다면
대부분 모르는 사람들일 거예요. 옆 사람과 인사 나눌 땐 이렇게 해요.

 Track **066**

崔(チェ) すみません、となり、いいですか。

学生(がくせい) どうぞ。

崔 どうも。留学生(りゅうがくせい)ですか。

学生 はい、台湾(たいわん)からです。あなたも？

崔 はい、私(わたし)は韓国(かんこく)からです。崔(チェ)といいます。

学生 劉(リュウ)です。何学部(なにがくぶ)ですか。

崔 文学部(ぶんがくぶ)です。劉(リュウ)さんは？

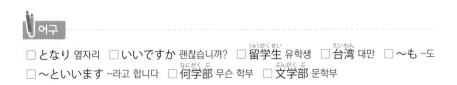

✏️ 어구

□ となり 옆자리 □ いいですか 괜찮습니까? □ 留学生(りゅうがくせい) 유학생 □ 台湾(たいわん) 대만 □ 〜も ~도
□ 〜といいます ~라고 합니다 □ 何学部(なにがくぶ) 무슨 학부 □ 文学部(ぶんがくぶ) 문학부

최	실례해요. 옆 자리 (앉아도) 될까요?
학생	앉으세요.
최	고마워요. 유학생이에요?
학생	네, 대만에서 왔어요. 당신도?
최	네, 저는 한국에서 왔어요. '최'라고 해요.
학생	'류'예요. 무슨 학부예요?
최	문학부예요. '류' 씨는요?

패턴 회화 표현

💬 **いいですか** 괜찮을까요?

- ここ、いいですか。 여기 괜찮을까요?

- そこ、いいですか。 거기 괜찮을까요?

💬 **〜からです** ~에서 왔어요

- 私^{わたし}は春川^{チュンチョン}からです。 저는 춘천에서 왔어요.

- 今日^{きょう}は学校^{がっこう}からですか。 오늘은 학교에서 왔나요?

문화와 말 문화를 알면 말이 술~술

한국에서는 학년을 확인하고 싶을 때 1학년, 2학년으로 말하거나 19학번, 20학번으로 말하는 경우가 많죠.

일본에서는 학번을 말하는 경우는 잘 없고, 대부분 1年生^{いちねんせい}, 2年生^{にねんせい}처럼 학년을 말해요.

그런데 오사카 같은 관서(関西) 지방에서는 1回生^{いっかいせい}, 2回生^{にかいせい}로 말하는 학교가 많죠.

履修登録、もうした？

이수 등록(수강 신청) 이미 했니?

한 학기 동안 무슨 과목을 이수할 것인지 등록해야죠.
요일 및 시간 배정에 주의하고 필수인지 아닌지도 꼼꼼하게 살펴요.

川井 (かわい) 履修登録 (りしゅうとうろく)、もうした？

崔 (チェ) まだ。シラバス見 (み)てるけど、複雑 (ふくざつ)で…。

川井 ね！登録期間 (とうろくきかん)いつまでだっけ。

崔 たしか、今週 (こんしゅう)の金曜日 (きんようび)までだよ。

川井 ひゃー。早 (はや)くしないと。

崔 ねえ、この必修 (ひっしゅう)の授業 (じゅぎょう)、一緒 (いっしょ)に取 (と)らない？

川井 どれどれ？

✏️ 어구

- ☐ 履修登録 (りしゅうとうろく) 이수 등록(한 학기 동안 이수할 과목을 등록하는 일) ☐ もう 이미, 벌써
- ☐ した？ 했어？ ☐ まだ 아직 ☐ シラバス 실러버스, 교과 과정 ☐ 複雑 (ふくざつ) 복잡
- ☐ 登録期間 (とうろくきかん) 등록 기간 ☐ たしか 분명히 ☐ 今週 (こんしゅう) 이번 주 ☐ 金曜日 (きんようび) 금요일 ☐ 早 (はや)く 빨리
- ☐ 必修 (ひっしゅう) 필수 ☐ 授業 (じゅぎょう) 수업 ☐ 一緒 (いっしょ)に 함께 ☐ どれどれ 어떤 거 어떤 거?

가와이 이수 등록, 이미 했니?

최 아직이야. 교과 과정 보고 있는데, 복잡해서….

가와이 참! 등록 기간이 언제까지였지?

최 분명, 다음 주 금요일까지야.

가와이 앗, 이런! 빨리 해야겠네.

최 얘, 이 필수 수업 같이 안 들을래?

가와이 뭔데 뭔데?

패턴 회화 표현

💬 **～てる** ～하고 있다

● 電車乗ってるけど、遅れそう。 전철을 타고 있는데, 늦을 것 같아.

● 運動してるけど、やせないよ。 운동하고 있는데, 살이 안 빠져.

💬 **～ないと** ～해야 해

● 早く寝ないと。 일찍 자야 해.

● 絶対見ないと。 절대(꼭) 봐야 해.

문화와말 문화를 알면 말이 술~술

일본의 대학은 한국과 달리 봄학기를 4월에 시작해요. 그리고 수업 시간은 대체로 90분 수업이 기본이죠. 여름방학은 7월 말에 시작해 9월 말까지이고, 겨울방학은 12월 말에 시작해 1월 초순까지예요. 그리고 2주 정도 수업을 한 후에 대부분의 학교에서 2월 초부터 3월 말까지 봄방학을 실시해요.

学生証の受け取りに来ました。

학생증 받으러 왔어요.

학교 생활을 하려면 학생증은 꼭 있어야겠죠.
도서관 등 교내 이용은 물론 전철 통학권을 발급 받을 때도 필요해요.

Track **068**

崔　すみません、学生証の受け取りに来ました。

職員　学籍番号と、名前を言ってください。

崔　ええと、21978です。崔スルギです。

職員　崔さんですね。

　　　はい、間違いがないか確認してください。

崔　はい、大丈夫です。

　　　あと、定期券を買いたいんですけど。

職員　定期券は通学証明書が必要です。

　　　外の発行機で発行できます。

崔　あの、方法を教えてもらえますか。

어구

- □ 学生証 학생증　□ 受け取り 수취　□ 学籍番号 학적 번호　□ 名前 이름　□ ええと 음~
- □ 間違い 잘못, 틀림　□ 確認 확인　□ 定期券 정기권　□ 買いたい 사고 싶다
- □ 通学証明書 통학증명서　□ 必要 필요　□ 外 밖　□ 発行機 발행기　□ 方法 방법

최　　실례지만, 학생증을 받으러 왔어요.

직원　학적 번호와 이름을 말해 주세요.

최　　음~, 21978이에요. 최슬기예요.

직원　최○○ 씨죠. 여기요, 틀림없는지 확인해 주세요.

최　　네, 괜찮아요. 그리고 정기권을 사고 싶은데요.

직원　정기권은 통학증명서가 필요해요. 밖에 있는 발행기에서 발행할 수 있어요.

최　　저어, 방법을 알려 주실 수 있나요?

패턴 회화 표현

💬 **〜に来ました** ~하러 왔어요

● 練習に来ました。 연습하러 왔어요.

● 申し込みに来ました。 신청하러 왔어요.

💬 **〜がないか** ~이 없는지

● 誤字がないか確認してください。 오자가 없는지 확인해 주세요.

● 落とし物がないか見てください。 분실물이 없는지 봐 주세요.

🕊 문화와 말 _문화를 알면 말이 술~술_

일본은 정기권이라는 것을 구입하면 교통비를 절약할 수 있어요. 1, 3, 6, 12개월짜리가 있는데, 각 역에서 구입할 수 있죠. 새학기가 되면 정기권을 구입하기 위한 줄이 장사진을 이룰 정도예요.
수도권에서는 직장인의 통근 정기권 할인률이 약 40%인 데 비해, 학생의 통학 정기권 할인률은 약 60%나 돼요.

1개월 통근 정기권

本とか買えて便利だよ。
책 같은 걸 살 수 있어서 편해.

생협에 가입하면 가입비가 들지만 나중에 돌려받는 것이고
필요한 물품을 저렴하게 구입할 수 있어서 좋아요.

Track **069**

崔　生協って初めて来た。

川井　文房具とか、本とか買えて便利だよ。

　　　割引もあるし。

崔　本当だ。少し安い。

川井　本とか CD も組合証があると 10 % 引きになるよ。

崔　組合証？

川井　うん、加入してみれば？　便利だよ。

崔　そうしようかな。

어구

- □ 生協 생협(생활협동조합)　□ 初めて 처음으로　□ 文房具 문방구　□ 本 책
- □ 買えて 살 수 있어서　□ 便利 편리　□ 割引 할인　□ 少し 조금　□ 安い (값이) 싸다
- □ ～とか ~라든가　□ ～ % 引き ~% 할인　□ 加入 가입

최	생협은 처음 와.
가와이	문방구나 책 등을 살 수 있어서 편해. 할인도 있고.
최	그러네. 조금 저렴해.
가와이	책이나 CD도 조합증이 있으면 10% 할인이 돼.
최	조합증?
가와이	응, 가입해 볼래? 편해.
최	그럴까?

패턴 회화 표현

패턴 익히기로 회화력 **UP!**

💬 **~って** ~는, ~란

● みなとみらいってどこにあるの？ '미나토미라이'라는 곳은 어디에 있어?

● 「伝票」って何ですか。 '전표'란 무엇입니까?

💬 **初めて~た** 처음으로 ~했다

● これは初めて食べたよ。 이건 처음 먹어 봐.

● さっき初めて会いました。 아까 처음 만났어요.

🦊 문화와 말 문화를 알면 말이 술~술

대학에는 생활협동조합이 운영하는 가게가 있어요. 책과 문방구는 물론 빵이나 도시락을 비롯해 편의점에서 판매하는 물건도 구입할 수 있죠. 어떤 곳은 갓 구워낸 빵이나 오리지널 상품을 판매하기도 하죠. 그리고 해당 대학의 오리지널 상품도 판매하고 있으니, 대학에 갈 일이 있다면 한 번쯤 들러 보면 어떨까요?

新歓をやるんですけど。
신입생 환영회를 하는데요.

학교 생활에서 공부 외에 활력을 얻을 수 있는 곳이라면 역시 동아리죠.
타과 학생과의 교류는 물론 같은 관심사를 공유할 친구도 만들 수 있어요.

Track **070**

崔　すみません。

　　サークルのチラシを見たんですけど。

学生　ありがとうございます！

　　新入生の方ですか。

崔　はい。ちょっと興味があって。

学生　明日、新歓をやるんですけど、

　　よければ来ませんか。

崔　明日ですか。会費はいくらですか。

学生　新入生は1,000円です。

📝**어구**

☐ サークル 서클, 동아리　☐ チラシ 지라시, 유인물, 전단지　☐ 新入生 신입생
☐ 方 분(사람을 높이는 말)　☐ 興味 흥미　☐ 明日 내일　☐ 新歓 신입생 환영회
☐ よければ 괜찮다면　☐ 会費 회비　☐ 円 엔(일본의 화폐 단위)

최	실례해요. 서클 전단지를 봤는데요.
학생	고마워요. 신입생이세요?
최	네. 좀 관심이 있어서요.
학생	내일 신입생 환영회가 있는데, 괜찮으면 오세요.
최	내일요? 회비는 얼마죠?
학생	신입생은 1,000엔이에요.

패턴 회화 표현

💬 **～の方ですか** ~분입니까?

- 担当の方ですか。 담당하시는 분입니까?
- 電話の方ですか。 전화하신 분입니까?

💬 **よければ** 괜찮으면

- よければ仲良くしませんか。 괜찮으면 사이 좋게 지내지 않겠어요?
- よければうちに来てください。 괜찮으면 우리집에 와 주세요.

🦢문화와말 문화를 알면 말이 술~술

대학 동아리의 신입생 환영회는 대부분 주점에서 여는 경우가 많아요. 당연히 비용이 들어가기 때문에 회비를 걷죠. 그런데 신입생 환영회만큼은 신입회원을 모으기 위해 신입생의 회비를 면제해 주거나 저렴하게 받아요.
신입생 또한 서클의 분위기나 활동 내용을 알기 위해 이런 자리에 참석하게 되죠. 하루에만 몇 군데나 참가하는 학생도 있다네요.

신입생 환영회를 위한 무대

貸出はここですか。
^{かし だし}

대출은 여기인가요?

학생이라면 학교 도서관을 무료로 이용할 수 있어요.
공부도 하고 책도 빌리고, 자료 검색도 하는 등 도서관 이용에 도전해 봐요.

Track **071**

チェ
崔　　貸出はここですか。

しょくいん
職員　そうです。学生証お願いします。

崔　　はい。

職員　全部で5冊ですね。返却は4月28日です。

崔　　もし違反したらどうなりますか。

職員　延滞した分、貸出停止になります。

崔　　わかりました。

📎 **어구**

□ 貸出 대출(대여)　□ 学生証 학생증　□ 全部で 모두, 다 해서　□ ～冊 ~권(책을 세는 단위)
□ 返却 반환　□ 違反 위반　□ 延滞 연체, 늦음　□ 貸出停止 대출 정지

최　　대출은 여기인가요?

직원　맞아요. 학생증 부탁해요.

최　　여기요.

직원　모두 다섯 권이네요. 반환은 4월 28일이에요.

최　　만약 위반하면 어떻게 되죠?

직원　연체한 만큼 대출 정지가 돼요.

최　　알겠습니다.

패턴 회화 표현

패턴 익히기로 회화력 **UP!**

💬 もし~たら　만약 ~(한)다면

● もし雨が降ったらどうしよう。 만약 비가 내린다면 어떻게 하지?

● もしなくしたら大変だ。 만약 잃어버린다면 큰일이다.

💬 ~した分　~한 만큼

● たくさん練習した分、良いステージにしたい。

많이 연습한 만큼 좋은 무대로 만들고 싶다.

● 欠席した分、家で勉強しなきゃ。 결석한 만큼 집에서 공부해야 한다.

🕊 문화와말　문화를 알면 말이 술~술

한국에는 스터디 카페가 많아 자습이 쉽지만, 일본은 스터디 카페가 없어요. 밖에서 공부하고 싶을 때는 그냥 카페나 도서관을 이용하는 사람이 많아요.

質問よろしいですか。
しつもん

질문해도 되나요?

학생에게 리포트나 시험은 아주 중요한 문제죠.
수업 중에 리포트 제출과 시험에 관해 교수님께 질문하려면 어떻게 할까요?

Track **072**

崔 チェ	留学生の崔と申します。質問よろしいですか。 りゅうがくせい　チェ　もう　　　　　しつもん
教授 きょうじゅ	ああ、はい。
崔	レポートは、4,000字以上で、再来週までに提出 よんせん　じ　い　じょう　　さ　らいしゅう　　　　　ていしゅつ ですよね。
教授	そうですよ。
崔	これとは別に、期末試験があるんですよね？ べつ　き　まつ　し　けん
教授	はい。記述式で、ノートの持ち込み可です。 き　じゅつしき　　　　　　　も　こ　か
崔	わかりました、ありがとうございます。

어구

- □ 〜と申します ~라고 합니다　□ 質問 질문　□ よろしいですか 괜찮습니까?
- □ レポート 리포트　□ 〜字以上 ~자 이상　□ 再来週 다다음주　□ 提出 제출
- □ 別に 별도로, 따로　□ 期末試験 기말시험　□ 記述式 기술식　□ ノート 노트
- □ 持ち込み 반입, 가지고 들어감　□ 可 가(가능)

최	유학생 '최'라고 합니다. 질문 드려도 될까요?
교수	아, 네.
최	리포트는 4,000자 이상이고, 다다음주까지 제출이죠?
교수	그래요.
최	이것과는 별도로 기말시험이 있는 거죠?
교수	네. 기술식이고, 노트를 가져와도 돼요.
최	알겠습니다. 감사합니다.

패턴 회화 표현

💬 **〜までに** ~까지(한 번만)

● 明日までに送ってください。 내일까지 보내 주세요.

● 2時までには終わりそうです。 2시까지는 끝날 것 같습니다.

💬 **〜とは別に** ~와는 별도로

● これとは別に証明写真が必要です。 이것과는 별도로 증명사진이 필요합니다.

● このメールとは別にもう一通送りました。
이 메일과는 별도로 한 통 더 보냈습니다.

🕊 문화와 말 문화를 알면 말이 술~술

만약 여러분이 일본인과 파일로 소통을 하려면, MS워드를 사용해야 해요. 일본에서는 서류나 리포트를 작성할 때 주로 MS워드를 사용하기 때문인데요, 당연히 한국에서 많이 사용하는 아래아한글은 사용하지 않아요. 서체는 주로 MS Mincho(MS明朝)를 사용하니 참조하세요.

奨学金の申請に来ました。
しょうがく きん　　しん せい　　　　き

장학금 신청하러 왔어요.

성적 장학금, 근로 장학금, 유학생 장학금 등
교내 및 교외에 다양한 형태의 장학금을 신청해 볼까요?

 Track **073**

崔
チェ
奨学金の申請に来ました。
しょうがくきん　しんせい　き

職員
しょくいん
では確認します。成績証明書と、志望理由書と…。
かくにん　　　　　せいせきしょうめいしょ　　　しぼうりゆうしょ

崔
はい、あとこれが、教授の推薦書です。
きょうじゅ　すいせんしょ

職員
二つありますか。
ふた

崔
はい、もう一つがこれです。
ひと

職員
そろっていますね。

✒️ 어구

□ **奨学金** 장학금　□ **申請** 신청　□ **確認** 확인　□ **成績証明書** 성적증명서
　しょうがくきん　　　しんせい　　　かくにん　　　せいせきしょうめいしょ

□ **志望理由書** 지망이유서　□ **教授** 교수　□ **推薦書** 추천서　□ **もう一つ** 또 하나
　しぼうりゆうしょ　　　　きょうじゅ　　　すいせんしょ　　　ひと

□ **そろって** 갖추어져

최	장학금 신청하러 왔어요.
직원	그럼 확인하겠습니다. 성적증명서와 지망이유서…….
최	네, 그리고 이것이, 교수 추천서예요.
직원	두 개 있나요?
최	네, 또 하나가 이거예요.
직원	다 갖춰져 있네요.

패턴 회화 표현

💬 **あと〜** 앞으로~, 그리고

● あと5分だけあげます。 앞으로 5분만 드리겠습니다.

● あと何人来ますか。 앞으로 몇 명 옵니까?

💬 **もう + (개수/횟수)** ~더

● もう一つください。 하나 더 주세요.

● もう一度挑戦します。 한 번 더 도전하겠습니다.

🕊 문화와말 문화를 알면 말이 술~술

학교 장학금 신청을 위한 정보는 학교 사이트에 게재되므로, 주의 깊게 체크해야 해요. 그리고 학교 장학금 외에 유학생과 관련된 장학금은 JASSO(日本学生支援機構)의 홈페이지에서 확인할 수 있으니 참고하세요.

韓国_{かんこく}と日本_{にほん}と、違_{ちが}うところはある？ 한국과 일본, 다른 점은 있어?

학교 생활에 적응하면서 일본인 친구도 사귀게 되겠죠.
서로를 알아가는 데는 대화가 필요하겠네요. 친구와 대화해 봐요.

🎧 Track **074**

川井_{かわい}　崔_{チェ}さんは韓国_{かんこく}から来_きたんだよね。

崔_{チェ}　うん。

川井　韓国_{かんこく}と日本_{にほん}と、違_{ちが}うところはある？

崔　そうだな、色々_{いろいろ}あるけど…。

川井　一番_{いちばん}びっくりしたのは？

崔　あ、自転車_{じてんしゃ}に乗_のっている人_{ひと}が多_{おお}いこと！

✏️어구

☐ 違_{ちが}う 다르다　☐ ところ 곳, 점, 부분　☐ 色々_{いろいろ} 여러 가지　☐ 一番_{いちばん} 가장, 제일
☐ びっくり 깜짝 놀람　☐ 自転車_{じてんしゃ} 자전거　☐ 乗_のっている 타고 있다　☐ 多_{おお}い 많다

가와이 　최○○ 씨는 한국에서 온 거지?
최 　　응.
가와이 　한국과 일본, 다른 점은 있어?
최 　　글쎄, 여러 가지 있는데….
가와이 　가장 놀란 것은?
최 　　아, 자전거를 타는 사람이 많은 것!

패턴 회화 표현

패턴 익히기로 회화력 **UP!**

💬 **～ところ** ~(한) 점

● この店は雰囲気が良いところが気に入っています。

이 가게는 분위기가 좋다는 점이 마음에 듭니다.

● 彼女は少し変わっているところがある。 그녀는 조금 별난 데가 있다.

💬 **一番～した** 가장(제일) ~한

● 一番泣いた映画を教えて。 가장 슬펐던 영화를 알려 줘.

● 一番大変だったことは何ですか。 가장 힘들었던 것은 무엇입니까?

☀ 문화와 말 문화를 알면 말이 술~술

일본은 한국에 비해 자전거 이용률이 아주 높아요. 그래서 역은 물론 웬만한 슈퍼마켓 주위에는 반드시 자전거 주차장이 있죠. 특히 역 주변의 자전거 주차장 중에는 유료로 운영되는 곳도 많아서, 한 달에 2,000엔 정도 하는 곳은 예약 대기자까지 있는 형편이라네요.

한편, 자전거 앞에 짐 싣는 바구니가 설치된 것은 특히 장을 보는 아주머니가 타는 자전거라는 뜻으로 ママチャリ라고 부르지요.

이때 チャリ는 チャリンコ의 줄임말로, チャリンコ란 자전거의 벨소리를 따서 붙인 명칭이라는 설이 있어요.

ママチャリ

なんか元気ないね。
왠지 기운이 없네?

친구와 친해지면 그 친구의 얼굴만 봐도 형편을 알아봅니다.
친구의 안색이 좋지 않다면 이렇게 물어보세요.

🎧 Track **075**

崔　なんか元気ないね。

川井　わかる？

崔　何かあった？

川井　実は、親と喧嘩しちゃって。

崔　え、なんで？

川井　一人暮らししたいって言ったら、反対された。

崔　あ〜、なるほど…。元気出して！

　　　ジュースおごるよ。

✏️어구

□ なんか 왠지　□ 元気 기운　□ わかる？ 알겠니?　□ 何か 뭔가　□ 実は 실은　□ 親 부모
□ なんで 왜? 어째서?　□ 一人暮らし 독신 생활, 자취　□ 反対 반대　□ なるほど 역시
□ おごるよ 한턱낼게

최	왠지 기운이 없네?
가와이	알겠니?
최	무슨 일 있었어?
가와이	실은 부모와 다투고 말아서.
최	어머, 왜?
가와이	혼자 살고 싶다고 했더니, 반대하더라구.
최	아, 그렇구나. 기운 내! 주스 살게.

패턴 회화 표현

패턴 익히기로 회화력 **UP!**

💬 **~しちゃって** ~해버려서, ~하고 말아서

● 携帯の充電が切れちゃって。 휴대폰 충전이 다 떨어져서.

● 寝坊しちゃって。 늦잠을 자고 말아서.

💬 **~って言ったら** ~라고 했더니, ~라고 하면

● おなかすいたって言ったらパンをくれた。
배가 고프다고 했더니 빵을 주었다.

● 好きって言ったらどうする？ 좋아한다고 하면 어떻게 할래?

🦊문화와말 문화를 알면 말이 술~술

위로하거나 격려하는 말로 사용되는 표현을 더 알아볼까요?

• ドンマイ : Don't mind에서 온 말로, '걱정하지 마'라는 뜻.

• 気にしないで : 마음 쓰지 마.

• ファイト！: 파이팅!

どんな人がタイプ？

어떤 사람이 이상형이야?

친구 사이라면 서로의 이상형이 궁금해질 때가 있겠죠.
서로의 이상형에 대해 묻고 싶을 때는 이렇게 말해 보세요.

 Track **076**

崔　川井さんは、どんな人がタイプ？

川井　え、突然何？ 恋バナ？

崔　うん、たまにはいいじゃん？

川井　そうだな〜。優しくて一途な人！

崔　ふむふむ。あとは？

川井　あとはイケメンな人！

 어구

◻ どんな 어떤　◻ タイプ 타입　◻ **突然** 갑자기　◻ 恋バナ 恋の話(사랑 이야기)의 줄임말
◻ たまには 가끔은　◻ いいじゃん 괜찮잖아　◻ **一途** 외곬, 한결같음　◻ ふむふむ 흠흠
◻ あとは？ 그리고는?　◻ イケメン 용모가 뛰어난 남성, 꽃미남

최　　　가와이 씨는 어떤 사람이 이상형이야?

가와이　어머, 갑자기 왜? 사랑 이야기야?

최　　　응, 가끔은 괜찮지 않아?

가와이　글쎄~, 부드럽고 한결 같은 사람!

최　　　흠흠! 그리고?

가와이　그리고 잘생긴 사람!

패턴 회화 표현

패턴 익히기로 회화력 **UP!**

💬 **~じゃん** ~잖아

● その服いいじゃん。 그 옷 좋잖아.

● 歌うまいじゃん。 노래 잘하잖아.

💬 **な형용사 ＋ な人** ~한 사람

● 穏やかな人になりたい。 온화한 사람이 되고 싶다.

● きれいな人ですね。 예쁜 사람이네요.

문화와 말 문화를 알면 말이 술~술

매력적인 사람, 특히 얼굴이 매력적인 사람을 일본에서는 イケメン이라는 속어를 써서 표현해요. 이 단어는 남자에게만 사용하고 여자에게는 사용하지 않으니 주의하는 게 좋겠네요.

그럼 매력적인 여성에게는 어떤 말들을 쓸까요?

美人(미인), きれい(예쁘다), かわいい(귀엽다) 등의 표현을 쓰면 무난해요.

한편, 모델처럼 몸매가 균형 잡힌 사람은 スタイルがいい라고 표현하죠.

여러분도 한번 응용해서 사용해 보세요.

칭찬

あれ、見たことない服。

어! 못 보던 옷이네.

칭찬은 고래도 춤추게 한다죠!
아무것도 아닌 듯한 작은 칭찬 한마디가 상대의 기분을 좋게 합니다.

 Track **077**

崔 あれ、見たことない服。

川井 わかる？新しく買ったの。

崔 かわいいね。よく似合ってる。

川井 えへへ、ありがとう。

川井 崔さんて、友達が多いよね。

崔 え、そう？

川井 羨ましい。私は人見知りするから。

崔 そんなことないよ。川井さんは話しやすいよ。

어구

□ 見たことない 본 적이 없다 □ 服 옷 □ 新しく 새롭게 □ よく 잘 □ 似合ってる 어울려
□ そう？ 그래? □ 羨ましい 부럽다 □ 人見知り 낯가림 □ 話しやすい 대화하기 편하다

최   어! 못 보던 옷이네.
가와이 알겠니? 새로 산 거야.
최   예쁘다. 잘 어울려.
가와이 헤헤, 고마워.

가와이 최〇〇 씨는 친구가 많지?
최   아, 그런가?
가와이 부럽! 난 낯가림이 심해서.
최   안 그래. 가와이 씨는 대화하기 편해.

패턴 회화 표현

패턴 익히기로 회화력 UP!

💬 **～たことない** ~한 적 없다

● うめぼしは食べたことないです。 매실장아찌는 먹은 적이 없습니다.
● 石田さんには会ったことないです。 이시다 씨와는 만난 적이 없습니다.

💬 **～やすい/～にくい（づらい）** ~하기 쉽다 / ~하기 어렵다

● 話しかけやすい雰囲気でした。 말 걸기 쉬운 분위기였습니다.
● 字が小さくて読みにくいです。 글자가 작아 읽기 어렵습니다.

문화와말 문화를 알면 말이 술~술

단어 설명에도 나온 것처럼 낯가림 또는 낯가림하는 사람을 人見知り라고 해요.
그런데 일본에는 이런 사람이 의외로 많아요. 실제로 한 조사에 따르면 일본인의 60% 이상이 스스로를 人見知り라고 생각한다네요.
실제로 대화를 나눠 보고, 전혀 그래 보이지 않은 사람도 私、実は人見知りで… (제가 실은 낯가림이 심해서…)라고 하거나 그런 자기의 성향 때문에 고민이 깊은 사람이 많은 것 같아요.

학교생활 편 179

話って、何？

할 말이란 게 뭐야?

여러분에게는 사귀는 이성이 있나요?
사귀던 이성이 이별 통보를 해 온다면?

Track **078**

川井　話って、何？

彼氏　実は、他に好きな子ができた。

川井　え？ どういうこと？

彼氏　バイト先で告白されてさ…。

川井　ありえない。別れたいってこと？

彼氏　ごめん。

川井　わかった。じゃあね。

✏️ 어구

- [ ] 他に 따로　　[ ] 好きな 좋아하는　　[ ] 子 (여자) 애　　[ ] どういうこと？ 무슨 말이야?
- [ ] バイト 아르바이트　　[ ] ～先 ~하는 곳(데)　　[ ] 告白 고백
- [ ] ありえない 말도 안 돼(직역하면 '있을 수 없다')　　[ ] 別れたい 헤어지고 싶다
- [ ] ～ってこと？ ~라는 거야?　　[ ] わかった 알았어

가와이	할 말이란 게 뭐야?
남친	실은 다른 좋아하는 애가 생겼어.
가와이	뭐? 뭔 말이야?
남친	아르바이트 하는 곳에서 프러포즈 받아서…….
가와이	이럴 수가! 헤어지고 싶다는 말이야?
남친	미안.
가와이	알았어. 잘 가!

패턴 회화 표현

패턴 익히기로 회화력 **UP!**

💬 **〜てさ** ~해서 말야

- 突然話しかけられてさ。 갑자기 말을 걸어 와서 말야.
- 先週帰省してさ。 지난주에 귀성해서 말야.

💬 **〜ってこと？** ~라는 거야?

- 明日は来れないってこと？ 내일은 못 온다는 거야?
- お金は返せないってこと？ 돈은 못 돌려준다는 거야?

🕊 문화와 말 문화를 알면 말이 술~술

서로 좋아하던 두 사람이 헤어지는 방식은 실로 다양하겠죠.
한 쪽에서 일방적으로 연락을 끊거나 상대해 주지 않는 방식이 제일 많지 않을까요?
그런데 쌍방이 모두 서로에게 관심이 멀어져 몇 개월씩이나
연락도 안 하고, 자연스럽게 헤어지는 경우가 있어요. 이런 경
우에 사용하는 일본어를 自然消滅라고 해요.

ちょっと聞(き)いてよ～。

좀 들어 봐.

학교 생활에서는 늘 행복한 순간만 있는 것은 아니에요.
사랑 이야기가 있는가 하면 사랑하는 사람과의 이별 이야기도 있죠.

 Track **079**

川井(かわい)　ちょっと聞(き)いてよ～。

崔(チェ)　どうしたの？

川井　彼氏(かれし)と別(わか)れた！ 好(す)きな人(ひと)ができたって、別(わか)れ話(ばなし)された。

崔　マジで？ 最低(さいてい)だね。よく別(わか)れた。

川井　もうやけ食(ぐ)いしてやる！

崔　付(つ)き合(あ)うよ！

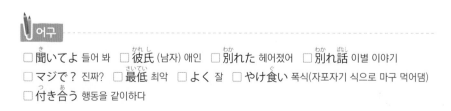

어구

☐ 聞(き)いてよ 들어 봐　☐ 彼氏(かれし) (남자) 애인　☐ 別(わか)れた 헤어졌어　☐ 別(わか)れ話(ばなし) 이별 이야기
☐ マジで？ 진짜?　☐ 最低(さいてい) 최악　☐ よく 잘　☐ やけ食(ぐ)い 폭식(자포자기 식으로 마구 먹어댐)
☐ 付(つ)き合(あ)う 행동을 같이하다

가와이　좀 들어 봐.

최　　　무슨 일 있어?

가와이　남친이랑 헤어졌어! 좋아하는 사람이 생겼다며 헤어지자고 하더라.

최　　　진짜? 최악이네. 잘 헤어졌어.

가와이　뭐라도 마구 먹어야겠어.

최　　　같이 가 줄게!

패턴 회화 표현

💬 **よく～した** 잘 ~했다

● よく決断した。 잘 결단했다.
けつだん

● よく言った。 잘 말했다.
い

💬 **～してやる** ~해 주겠다

● 見返してやる。 보란 듯이 보여 주겠다.
み かえ

● 次こそは勝ってやる。 다음에야말로 이겨 주겠다.
つぎ　　　か

🕊️ 문화와말 　문화를 알면 말이 술~술

살다 보면 화가 나는 일이 종종 있어요. 여러분은 화가 나면 어떻게 푸시나요? 앞의 회화에서처럼 마구 먹어대는 것으로 화를 푸는 사람이 있는가 하면 운동을 통해 푸는 사람, 누군가에게 하소연을 하며 푸는 사람 등 다양하지요. 그런데 어른들은 예부터 술로 푸는 경우가 많았나봐요. 거기에 어울리는 단어가 있어요.

● やけ酒 : 홧술. 홧김에 마시는 술
ざけ

● やけ飲み : 홧김에 술을 마심
の

既読スルーばかりで。
きどく

(메시지) 답도 안 해.

남자 친구나 여자 친구가 갑자기 약속을 취소하거나
보낸 메시지를 보고도 답을 안 한다면 어떻게 할까요?

Track **080**

川井 なんか変だったんだ。
かわい へん
ドタキャンとか、既読スルーばかりで。
きどく

崔 そうなんだ。ブロックした？
チェ

川井 もちろん！

崔 だよね。また出会いがあるはずだよ。
であ

川井 誰かいい人いない？
だれ ひと

崔 うーん、いないなぁ…。合コンはどう？
ごう

川井 合コンかぁ。
ごう

✏️ **어구**

□ 変 이상함 □ ドタキャン 갑작스런 약속 취소 □ 既読スルー 메시지를 읽고도 무시함
へん きどく

□ ブロック 차단 □ もちろん 물론 □ 出会い 만남 □ 誰か 누군가 □ 合コン 미팅
であ だれ ごう

가와이	왠지 이상하더라고. 약속을 갑자기 취소하지를 않나 메시지를 읽고 무시하지를 않나.
최	그렇구나. 차단했어?
가와이	물론이지!
최	그렇지! 또 좋은 사람 만날 거야.
가와이	누구 좋은 사람 없니?
최	음~, 없는데. 미팅은 어때?
가와이	미팅?

패턴 회화 표현

💬 **〜ばかり** ~뿐, ~만

● いつも勉強の話ばかりだ。 항상 공부 이야기뿐이다.

● 携帯ばかりいじらないで。 휴대폰만 만지작거리지 마.

💬 **〜はず** (분명 ~할) 리, 터

● 今日中に届くはずです。 오늘 중으로 도착할 겁니다.

● そんなはずないんだけど…。 그럴 리가 없는데….

🕊 문화와말 문화를 알면 말이 술~술

말보다는 카톡! 얼굴을 맞대고 이야기하는 것보다 카톡으로 대화하는 시간이 더 길어진 시대에 살고 계신가요? 한국이 카톡을 많이 사용하는 데 비해, 일본은 라인(LINE)을 더 많이 사용해요. 일본의 라인은 카톡과 달리, 내가 보낸 메시지를 상대가 읽으면 既読라고 표시되죠. 이렇게 읽었다고(既読) 표시되었는데 대답이 없을 때, 이것은 既読スルー 또는 既読無視라고 해요.

この用語についてなんですが…。

이 용어에 대해서 말인데요…….

수업을 듣다 보면 모르는 것이 나오기 마련이에요.
모르는 것을 그냥 두면 수업을 따라갈 수 없으니 물어봐야죠!

 Track **081**

崔　島田先生、今お忙しいですか。

教授　大丈夫ですよ。

崔　あの、質問してもよろしいですか。

教授　ええ。

崔　この用語についてなんですが…。

教授　どれどれ。

崔　「唯物主義」という用語がよく理解できなくて。

　　これはどういう意味ですか。

✏️ 어구

☐ お忙しい 바쁘시다　☐ 大丈夫だ 괜찮다　☐ 質問 질문
☐ よろしいですか 괜찮으시겠습니까?　☐ 用語 용어　☐ どれどれ 어디 보자
☐ 唯物主義 유물론, 물질주의　☐ よく 잘　☐ 理解 이해　☐ できなくて 할 수 없어서
☐ どういう 어떤　☐ 意味 의미, 뜻

최	시마다 선생님 지금 바쁘신가요?
교수	괜찮아요.
최	저기요, 질문해도 괜찮나요?
교수	네.
최	이 용어에 대해서 말인데요…….
교수	어떤 거죠?
최	'유물주의'라는 용어가 잘 이해가 안돼서요. 이건 어떤 의미죠?

패턴 회화 표현

패턴 익히기로 회화력 **UP!**

〜てもよろしいですか ~ 해도 괜찮겠습니까?

- 理由を聞いてもよろしいですか。 이유를 물어도 괜찮겠습니까?
- 明日お電話してもよろしいですか。 내일 전화해도 괜찮겠습니까?

〜なんですが ~말인데요, ~입니다만

- 資料なんですが、いつ届きますか。 자료 말입니다만, 언제 도착하나요?
- この漢字なんですが、なんと読むのですか。

  이 한자 말인데요, 뭐라고 읽나요?

문화와 말 문화를 알면 말이 술~술

한국에서는 대학에서 학생이 교수를 부를 때 '교수님'이라고 부르거나 이름 뒤에 '교수님'을 붙이지요.

그런데 일본에서는 대학 교수를 부를 때 '교수(教授)'라는 말을 사용하지 않아요. 그럼 뭐라고 부를까요?

보통 先生 또는 성(姓) 뒤에 先生를 붙여서 田中先生(다나카 선생님)처럼 불러요. 실수하지 않도록 조심해요.

なんとかお願いします。

어떻게 좀 안 될까요?

오늘까지 제출하기로 한 리포트를 깜박하고 잊었네요.
선생님께 뭐라고 말해야 할까요?

Track **082**

崔 すみません、今日提出のレポートなんですが。

教授 はい。

崔 家に忘れて来てしまいました。

教授 あぁ…。

崔 明日提出してもいいでしょうか。

教授 うーん、締め切りは今日なので…。

崔 本当にごめんなさい。なんとかお願いします。

教授 わかりました。かわりに、少し減点しますね。

어구

□ **提出** 제출 □ レポート 리포트 □ **家** 집 □ **忘れて** 잊고(깜박하고 ~에 두고 옴)
□ **明日** 내일 □ **締め切り** 마감 □ かわりに 대신에 □ **減点** 감점

최　　죄송해요. 오늘 제출하기로 한 리포트 말인데요.

교수　네.

최　　집에 두고 와버렸어요.

교수　아….

최　　내일 제출해도 될까요?

교수　흐음, 마감일은 오늘이라서….

최　　정말 죄송해요. 어떻게 좀 안 될까요?

교수　알았어요. 대신에 조금 감점하겠어요.

패턴 회화 표현

패턴 익히기로 회화력 **UP!**

〜てしまいました ~하고 말았어요. ~해버렸어요

● 財布を落としてしまいました。 지갑을 잃어버렸어요.

● 鍵をなくしてしまいました。 열쇠를 잃어버렸어요.

〜てもいいでしょうか ~해도 될까요?

● これは捨ててもいいでしょうか。 이것을 버려도 될까요?

● 写真を撮ってもいいでしょうか。 사진을 찍어도 될까요?

문화와 말 문화를 알면 말이 술~술

일본어를 배우다 보면 단어와 한국어 해석이 딱 맞아떨어진다는 느낌이 안 드는 경우가 있어요. 그 대표적인 단어가 바로 忘れる죠. 단어로 외울 때는 '잊다'인데, 앞의 회화에서처럼 '가져와야 할 것을 집에 두고 왔다'거나 '우산을 전철 안에 두고 내렸다'거나 하는 표현에 사용해서 '잊다'라고 해석하기가 애매해요. 이럴 때의 忘れる는 '깜박하고 두고 오다', '잊고 안 가져오다'처럼 해석하고 이해하는 것이 맞아요.

하나 더! 그렇게 두고 온 물건을 忘れ物라고 하는 것도 알아 둬요.

バイト情報を見てお電話しました。

아르바이트 정보를 보고 전화했어요.

일본 생활에도 익숙해졌다면 아르바이트에 도전해 봐요.
광고를 보니 내게 딱 좋은 곳이라면 이렇게 전화로 물어 보세요.

Track **083**

崔　もしもし、バイト情報を見てお電話しました。

店員　あ、はい。店長に代わりますね。

店長　はい、アルバイトの応募ですか。

崔　はい。まだ募集していますか。

店長　ええ。それでは早速ですが、面接にいつごろ来られますか。

崔　ええと…。

✏️ **어구**

□ 情報 정보　□ お電話 전화　□ 店長 점장　□ 代わります (전화) 바꾸겠습니다
□ 応募 응모　□ 募集 모집　□ 面接 면접　□ いつごろ 언제쯤　□ 来られます 올 수 있습니다

최   여보세요, 아르바이트 정보를 보고 전화했어요.
점원   아, 네. 점장을 바꿀게요.

점장   네, 아르바이트 응모인가요?
최   네. 아직 모집 중인가요?
점장   네. 그럼 바로 본론으로 들어가서, 면접에 언제쯤 올 수 있죠?
최   음….

패턴 회화 표현

패턴 익히기로 회화력 UP!

💬 **〜に代^かわります** ~를 바꾸겠습니다

● 田中^{た なか}に代^かわります。 다나카를 바꾸겠습니다.

● 由里^{ゆ り}に代^かわるね。 유리 바꿔 줄게.

💬 **早速^{さっそく}ですが** 바로 시작하겠습니다만, 바로 본론으로 들어가겠습니다만

● 早速^{さっそく}ですが、始^{はじ}めたいと思^{おも}います。

　바로 본론으로 들어가, 시작하도록 하겠습니다.

● 早速^{さっそく}ですが、まずお名前^{な まえ}を教^{おし}えてください。

　곧바로 시작하겠습니다만, 먼저 성함을 알려 주세요.

🕊 문화와말   문화를 알면 말이 술~술

일본에서 아르바이트 정보를 검색하다 보면 시급(時給^{じ きゅう})이나 근무시간(勤務時間^{きん む じ かん})처럼 이해하는 데 어려움이 없는 말이 있는가 하면, 가끔 처음 보는 단어가 들어 있는 경우도 있어요. 그 대표적인 예가 まかないつき라는 표현이죠.

여기에서 まかない는 스텝, 직원에게 제공되는 식사라는 뜻이에요. つき는 '딸림'이라 는 뜻이니까 식사를 제공한다는 뜻이죠. 물론 알기 쉽게 食事^{しょく じ}라고 표현한 구인 광고도 있어요.

아르바이트 면접②

<ruby>精<rt>せい</rt></ruby>いっぱい<ruby>頑張<rt>がんば</rt></ruby>ります！

최대한 열심히 하겠습니다!

점주와 면접을 보게 되었네요. 이력서 챙겼나요?
이제 점주와의 본격적인 면접을 시작해 볼까요?

Track **084**

<ruby>崔<rt>チェ</rt></ruby>　こちら、<ruby>履歴書<rt>りれきしょ</rt></ruby>です。

<ruby>店長<rt>てんちょう</rt></ruby>　<ruby>拝見<rt>はいけん</rt></ruby>します。<ruby>崔<rt>チェ</rt></ruby>さんは、<ruby>留学生<rt>りゅうがくせい</rt></ruby>ですか。

崔　はい。<ruby>去年<rt>きょねん</rt></ruby>、<ruby>韓国<rt>かんこく</rt></ruby>から<ruby>来<rt>き</rt></ruby>ました。

店長　アルバイトの<ruby>経験<rt>けいけん</rt></ruby>はありますか。

崔　ないですが、<ruby>精<rt>せい</rt></ruby>いっぱい<ruby>頑張<rt>がんば</rt></ruby>ります！

店長　ははは、やる<ruby>気<rt>き</rt></ruby>がすごいですね。

어구

☐ <ruby>履歴書<rt>りれきしょ</rt></ruby> 이력서　☐ <ruby>拝見<rt>はいけん</rt></ruby> 배견. 見る의 겸양어　☐ <ruby>留学生<rt>りゅうがくせい</rt></ruby> 유학생　☐ <ruby>去年<rt>きょねん</rt></ruby> 작년　☐ <ruby>経験<rt>けいけん</rt></ruby> 경험
☐ <ruby>精<rt>せい</rt></ruby>いっぱい 최대한　☐ やる<ruby>気<rt>き</rt></ruby> 의욕

최	여기, 이력서요.
점장	보겠습니다. 최 씨는 유학생인가요?
최	네. 작년에 한국에서 왔습니다.
점장	아르바이트 경험은 있나요?
최	없는데요, 최대한 열심히 하겠습니다.
점장	하하하! 의욕이 굉장하군요.

패턴 익히기로 회화력 UP!

패턴 회화 표현

💬 **こちら、〜です** 여기 ~입니다, 이쪽은 ~입니다

● こちら、レシートです。 여기 영수증입니다.

● こちら、高橋^{たかはし}さんです。 이쪽은 다카하시 씨입니다.

💬 **〜の経験^{けいけん}はありますか** ~ 경험은 있습니까?

● 登山^{とざん}の経験^{けいけん}はありますか。 등산 경험은 있습니까?

● 接客業^{せっきゃくぎょう}の経験^{けいけん}はありますか。 접객업 경험은 있습니까?

🕊️ 문화와말 문화를 알면 말이 술~술

아르바이트 자리를 구했다고 해서 바로 정식 아르바이트를 시작한다고 보장할 수는 없어요. 왜냐하면, 맡게 된 일을 경험한 적이 없다면 점주는 연수생(研修生^{けんしゅうせい})부터 시작할 것을 조건으로 내걸기 때문이죠. 그냥 단순한 육체 노동이라면 연수생 기간을 거치지 않지만, 편의점, 카페, 의류 상점처럼 판매와 계산 업무를 동시에 수행해야 하는 곳에서는 연수생부터 시작하는 경우가 많아요. 그리고 연수생은 급여를 정규 아르바이트보다 시급 기준으로 100엔 정도 적게 받는대요.

아르바이트 면접③

土日は入れますか。

토(토요일) 일(일요일)은 들어갈 수 있나요?

아르바이트 고용이 결정되었다면 근무일도 정해야겠죠.
근무 교재를 어떻게 할지 잘 생각하면서 대답해 보세요.

店長 シフトなんですけど、土日は入れますか。

崔 土曜日は難しいですが、日曜日は大丈夫です。

店長 そうですか。毎週でもいいですか。

崔 はい。

店長 では、とりあえず来週から来てください。

崔 ありがとうございます。

店長 少し早めに来てください。

✎ 어구

☐ シフト 시프트, 근무 교대　☐ 土日 토요일·일요일　☐ 難しい 어렵다　☐ 毎週 매주
☐ ～でもいいですか ~라도 괜찮습니까?　☐ とりあえず 우선, 어쨌든　☐ 来週 다음주
☐ 少し 조금　☐ 早めに 일찍, 빨리

점장	근무 교대인데요, 토·일은 들어갈 수 있나요?
최	토요일은 어렵지만, 일요일은 괜찮습니다.
점장	그러세요. 매주도 괜찮습니까?
최	네.
점장	그럼 우선 다음 주부터 와 주세요.
최	고맙습니다.
점장	조금 일찍 와 주세요.

패턴 회화 표현

💬 **～なんですけど** ~말인데요

● 来週(らいしゅう)なんですけど、場所(ばしょ)はどこにしましょうか。

다음 주 말인데요, 장소는 어디로 할까요?

● その件(けん)なんですけど、もう少(すこ)し時間(じかん)をくれませんか。

그 건 말인데요, 좀 더 시간을 주지 않겠어요?

💬 **명사 + でもいいですか** ~(라)도 괜찮습니까?

● 提出(ていしゅつ)は明日(あした)でもいいですか。 제출은 내일이라도 괜찮습니까?

● コーヒーはブラックでもいいですか。 커피는 블랙이라도 괜찮습니까?

● 砂糖(さとう)なしでもいいですか。 설탕 없이도 괜찮습니까?

🏵 **문화와 말** 문화를 알면 말이 술~술

어구 설명에서 シフト를 '시프트, 근무 교대'라고만 적어 두었는데요, 일반적으로 シフト
라고 하면 아르바이트를 하는 전체 인원의 스케줄이 적힌 표를 가리켜요.

한국어를 참고하여 공란에 들어갈 일본어 표현을 쓰고 말해 보세요.

01 운동하고 있는데, 살이 안 빠져.

運動し [   ] けど、やせないよ。

04 연습하러 왔어요.

練習 [   ] 。

06 이건 처음 먹어 봐.

これは [   ] 食べたよ。

04 만약 잃어버린다면 큰일이다.

[   ] なくし [   ] 大変だ。

05 2시까지는 끝날 것 같습니다.

2時 [   ] は終わりそうです。

06 앞으로 몇 명 옵니까?

[   ] 何人来ますか。

07 그녀는 조금 별난 데가 있다.

彼女は少し変わっている [   ] がある。

08 늦잠을 자고 말아서.

寝坊_{ねぼう}し [_____]。

09 배가 고프다고 했더니 빵을 주었다.

おなかすいた [_____] パンをくれた。

10 내일은 못 온다는 거야?

明日_{あした}は来_これない [_____] ?

11 이유를 물어도 괜찮겠습니까?

理由_{りゆう}を聞_きい [_____]。

12 다나카를 바꾸겠습니다.

田中_{たなか} [_____]。

정답

01 てる   02 に来_きました   03 初_{はじ}めて   04 もし／たら   05 までに   06 あと
07 ところ   08 ちゃって   09 って言_いったら   10 ってこと
11 てもよろしいですか   12 に代_かわります

비즈

니스 편

これからお世話になります。

앞으로 신세 많이 지겠습니다.

일본 기업에 취직되어 출근 첫날.
자기소개를 하고 동료를 소개 받는 대화를 해 볼까요!

松岡 今日は自己紹介をしてもらいます。まずは申さんから。

申 はじめまして。韓国から来ました、申志訓と申します。

松岡 申さん、こちら、村上さんです。

村上 どうも、村上です。

松岡 申さんの３年先輩なので、色々教えてもらってください。

申 村上さん、これからお世話になります。

어구

- [ ] 自己紹介 자기소개
- [ ] ～してもらいます ~해 주세요
- [ ] まずは 우선은
- [ ] ～と申します ~라고 합니다
- [ ] 来ました 왔습니다
- [ ] 先輩 선배
- [ ] 色々 여러 가지
- [ ] ～てもらってください ~해 받으세요
- [ ] これから 지금부터
- [ ] お世話になります 신세 지겠습니다

마쓰오카	오늘은 자기소개를 해 주세요. 우선은 신○○ 씨부터.
신	처음 뵙겠습니다. 한국에서 온 신지훈이라고 합니다.
마쓰오카	신○○ 씨, 이쪽은 무라카미 씨입니다.
무라카미	안녕하세요. 무라카미입니다.
마쓰오카	신○○ 씨의 3년 선배이니 여러 가지로 배워 주세요.
신	무라카미 씨, 앞으로 신세 많이 지겠습니다.

패턴 회화 표현

💬 **〜に〜てもらいます** ~가 ~해 주세요

- まず伊藤さんに発表してもらいます。 먼저 이토 씨가 발표해 주세요.
- それでは村上さんに歌ってもらいましょう。

  그럼, 무라카미 씨가 노래해 주세요.

💬 **〜に〜てもらってください** ~에게 ~해 받으세요

- 清水さんに書類をチェックしてもらってください。

  시미즈 씨에게 서류 체크를 받으세요.

- 川井さんに社内を案内してもらってください。

  가와이 씨에게 사내를 안내 받으세요.

🕊 문화와 말 문화를 알면 말이 술~술

일본은 같은 소리의 이름이라도 한자에 따라 뜻이 달라집니다. 예를 들면 まこと라는 이름에는 주로 誠와 真라는 한자를 써요. 誠에는 '거짓을 말하지 않고 성실하게 자라라'라는 뜻이, 真에는 '천진난만하게 똑바로 자라라'라는 뜻이 있어요.
최근에는 光宙(ぴかちゅう), 紗音瑠(しゃねる), 角輝(かくてる) 처럼 쉽게 읽을 수 없는 개성적인 이름까지 등장했어요.
이런 이색적이면서 기발한 이름을 가리켜 'キラキラネーム'라고 합니다.

今年来たばかりです。
올해 막 왔습니다.

회사 동료와 개인적인 이야기도 나누게 돼죠.
사람들은 당신에 대해 궁금해 하겠죠. 그 궁금증을 해결해 주세요.

村上　申さんは、日本は長いの。

申　　いえ、今年来たばかりです。

村上　え、本当に日本語が上手だね。

申　　いえいえ、まだまだです。

村上　日本語はどれくらい勉強したの。

申　　5年になります。

村上　へえ。どうやって勉強したの？

어구

☐ 長い 길다, (기간이) 오래되다　☐ 今年 올해　☐ ～たばかりです 막 ~한 참입니다
☐ 本当に 정말로　☐ まだまだです 아직입니다　☐ どれくらい 어느 정도　☐ 勉強 공부
☐ ～になります ~이 됩니다　☐ へえ 감탄, 놀람 등을 나타내는 말. 아! 와아! 흐음!
☐ どうやって 어떻게

무라카미 신〇〇 씨는 일본 생활이 오래되나요?
신   아뇨, 올해 막 왔습니다.
무라카미 와, 정말 일본어가 능숙하네요.
신   아니에요, 아직 많이 부족해요.
무라카미 일본어는 얼마나 공부했죠?
신   5년이 되네요.
무라카미 아~. 어떻게 공부했죠?

패턴 회화 표현

패턴 익히기로 회화력 **UP!**

💬 **〜たばかりです** 막 ~한 참입니다

● さっき知り合ったばかりです。 조금 전에 막 알게 되었습니다.

● この靴は買ったばかりです。 이 신발은 산 지 얼마 안 됐습니다.

💬 **(기간) + になります** (기간)이 됩니다

● （結婚して）3年になります。 (결혼하고) 3년이 됩니다.

● テニスを始めて10年になります。 테니스를 시작하고 10년이 됩니다.

🎏 문화와 말 문화를 알면 말이 술~술

칭찬은 고래도 춤추게 한다는 말처럼 칭찬을 들으면 으쓱해지는 게 인지상정이죠. 하지만 겸손을 큰 미덕으로 생각하는 일본인은 남이 해 주는 겸손한 표현을 써서 대답해요. 앞의 회화문에 쓰인 표현 외에도 다음과 같은 것들이 있으니 참고하세요.

• とんでもありません。 천만의 말씀을요.
• いえいえ。 아닙니다, 아닙니다.
• そんなことないです。 그렇지 않습니다.

가끔 いや〜それほどでも (아니 그 정도까지는 아니고요)라고 대답하는 경우도 있는데요, 칭찬을 받아서 기쁘다는 것을 겉으로 드러내면서 농담처럼 사용할 때가 많아요.

たまに母が遊びに来ます。

가끔 엄마가 놀러 옵니다.

나를 궁금해하는 사람은 가족에 대해서도 알고 싶어 하죠.
상대의 궁금증을 해결해 주고, 이쪽에서도 상대에 대해 질문해 보세요.

 Track **088**

村上　申さん、家族は韓国？

申　　そうです。ですが、たまに母が遊びに来ます。

村上　あ、そうなの。

申　　温泉が好きとかで。

村上　温泉、いいよね。僕も親父が温泉好きでさ。

申　　村上さんはどうですか。

村上　好きだけど、忙しくてなかなか…。

 어구

□ たまに 가끔　□ 遊びに 놀러　□ 温泉 온천　□ ～とか ~라든가　□ いいよね 좋겠다
□ 親父 부친, 아버지　□ ～好き ~을 좋아함　□ ～でさ ~해서 말야

무라카미	신〇〇 씨, 가족은 한국에 있나요?
신	맞아요. 하지만 가끔 엄마가 놀러 와요.
무라카미	아, 그래요?
신	온천이 좋다면서요.
무라카미	온천, 좋죠. 나도 아버지가 온천을 좋아해서.
신	무라카미 씨는 어때요?
무라카미	좋아하지만, 바빠서 좀처럼….

패턴 회화 표현

패턴 익히기로 회화력 **UP!**

💬 ～とかで ～라며

● 友達が富士山が見たいとかで、山梨に行ってきました。

친구가 후지산을 보고 싶다며 야마나시에 갔다 왔습니다.

● 妹がお守りを買うとかで、お寺めぐりをしました。

여동생이 부적을 사겠다며 사찰 순례를 했습니다.

💬 ～好き ～을 좋아하는 사람

● お酒好きにはたまらないおつまみです。

애주가에게는 참을 수 없는 안주입니다.

● 小説好きが集まるカフェがあるそうです。

소설 애독자가 모이는 카페가 있다고 합니다.

🦢 문화와말 문화를 알면 말이 술~술

일본이나 한국이나 경어 사용법은 꽤나 까다롭죠. 일본에서는 자기 가족이나 직장에서의 자기 쪽 사람을 남에게 이야기할 때 자기보다 손위사람이라도 경칭을 쓰지 않아요. 하지만 경어 사용법을 정확하게 알지 못하는 사람은 '母が来られます(제 어머니가 오십니다)'처럼 오용을 하는 경우가 있어요. 이 경우에는 '母が来ます(제 어머니가 옵니다)'라고 사용해야 해요.

次回の打ち合わせですが…。
다음 협의 관련입니다만….

비즈니스 세계에서의 약속 잡기는 아주 중요해요.
용건과 날짜, 시간까지 꼼꼼하게 챙겨서 약속을 잡아 보아요.

Track **089**

村上　次回の打ち合わせですが…。

取引先　再来週の火曜日はいかがでしょう。

村上　はい、大丈夫です。

取引先　時間は、１１時で…。

村上　はい、それでは１１時に伺います。

取引先　こちらもサンプルを用意しておきます。

村上　よろしくお願いします。

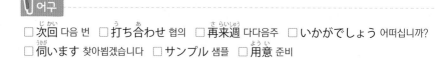어구

☐ 次回 다음 번　☐ 打ち合わせ 협의　☐ 再来週 다다음주　☐ いかがでしょう 어떠십니까?
☐ 伺います 찾아뵙겠습니다　☐ サンプル 샘플　☐ 用意 준비

무라카미 　다음 협의 관련입니다만….

거래처 　　다다음주 화요일은 어떠십니까?

무라카미 　네, 괜찮습니다.

거래처 　　시간은 11시로….

무라카미 　네, 그럼 11시에 찾아뵙겠습니다.

거래처 　　저희도 샘플을 준비해 두겠습니다.

무라카미 　잘 부탁드립니다.

패턴 회화 표현

💬 **～はいかがでしょう** ~은 어떠십니까?

● 本日はいかがでしょう。 오늘은 어떠십니까?

● こちらのタイプはいかがでしょう。 이쪽의 타입은 어떠세요?

💬 **～ておきます** ~해 두겠습니다

● お店を予約しておきます。 가게를 예약해 두겠습니다.

● 先に連絡しておきます。 먼저 연락해 두겠습니다.

🎴 문화와 말 　문화를 알면 말이 술~술

일본어를 공부하다 보면 어떤 말은 한국어와 너무나 비슷해서 금방 외워지는 단어가 있는가 하면, 전혀 다른 표현을 사용하는 경우도 있을 거예요.

예를 들면 기업체 등에서 자주 하는 '회의'는 일본어로도 会議라는 단어를 쓰지만, '사전 협의를 한다'고 할 때의 '사전 협의'는 打ち合わせ라는 독특한 표현을 써요. 이런 말들은 대개 전통 문화나 역사적 배경에서 비롯된 것이 많은데요, 打ち合わせ도 일본의 전통음악 雅楽에서 유래한 표현 중 하나랍니다.

時間の変更をお願いしたいんです。

じ かん へん こう ねが

시간 변경을 부탁드리고 싶습니다.

비즈니스 세계에서의 약속은 되도록 바꾸지 않는 것이 중요해요.
하지만 피치 못할 사정이 생겼다면 정중하게 변경을 요청해 보세요.

🎧 Track **090**

村上 お世話になっております、マーク商事の村上で
むらかみ せわ しょうじ むらかみ
ございます。

取引先 ああ、村上さん。
とりひきさき むらかみ

村上 申し上げづらいんですが、来週火曜日の打ち合
もう あ らいしゅう か ようび う あ
わせの件で。
けん

取引先 ええ。

村上 実は出張が入ってしまって、時間の変更をお願
じつ しゅっちょう はい じ かん へん こう ねが
いしたいんです。

取引先 あ、そうですか。わかりました。いつがよろし
いですか。

✏️ 어구

☐ **お世話になっております** 신세 많이 지고 있습니다   ☐ **申し上げづらい** 말씀 드리기 어렵다
せ わ   もう あ
☐ **〜の件** ~의 건   ☐ **出張** 출장   ☐ **入ってしまって** 끼어들고 말아서   ☐ **変更** 변경
けん   しゅっちょう   はい   へんこう
☐ **よろしいですか** 괜찮으시겠습니까?

무라카미　신세 많이 지고 있습니다. 마크상사의 무라카미입니다.
거래처　　아, 무라카미 씨.
무라카미　말씀드리기 죄송합니다만, 다음 주 화요일의 협의 건으로.
거래처　　네.
무라카미　실은 출장이 생겨서 시간 변경을 부탁드리고 싶습니다.
거래처　　아, 그래요. 알겠습니다. 언제가 좋습니까?

패턴 익히기로 회화력 **UP!**

패턴 회화 표현

💬 **〜の件** ~의 건

● プレゼンの件でご相談があります。
프리젠테이션 건으로 상담할 것이 있습니다.

● 会議の件でご連絡しました。 회의 건으로 연락드렸습니다.

💬 **〜をお願いしたいんです** ~을 부탁드리고 싶습니다

● キャンセルをお願いしたいんです。 취소를 부탁드리고 싶습니다.

● 予算の削減をお願いしたいんです。 예산의 삭감을 부탁드리고 싶습니다.

🕊 **문화와말** 문화를 알면 말이 술~술

비즈니스 세계에서 어떤 이유를 설명할 때 '다름이 아니라'라는 표현을 많이 사용하죠. 이것을 일본어로 말할 때 他でもなく라는 표현을 쓰는 경우가 많은 것 같아요. 하지만 実は라는 말을 더 많이 써요. 아무리 언어가 비슷하다고 해도 한국어를 직역하면 어색해 질 수도 있다는 게 참 어려운 점이지요.

11時に約束をしております。

11시에 약속되어 있습니다.

약속된 날짜와 시간에 맞춰 상대방 회사를 찾아갔어요.
안내 데스크에서 자신의 소속과 약속 사실을 밝히면 OK!

受付　いらっしゃいませ。

村上　マーク商事の村上と申します。総務課の野口様に
　　　取次ぎお願いします。

受付　失礼ですが、お約束はありますか。

村上　はい、11時に約束をしております。

受付　それでは、あちらの真ん中のエレベーターで4階
　　　に上がってください。

村上　真ん中ですね。どうも。

어구

- [ ] いらっしゃいませ 어서 오세요(회사 안내 데스크라면 '안녕하세요'의 뜻에 가까움)
- [ ] 総務課 총무과　[ ] 取次ぎ 연결　[ ] 失礼ですが 실례지만　[ ] お約束 약속
- [ ] ～しております ~했습니다(약속이 되어 있다는 뜻)　[ ] あちら 저쪽　[ ] 真ん中 한가운데
- [ ] 上がって 올라가서　[ ] どうも 뒤에 ありがとうございます를 생략한 감사 표현

접수원	어서 오세요.
무라카미	마크상사의 무라카미라고 합니다. 총무과의 노구치 씨께 연결 부탁합니다.
접수원	실례지만, 약속은 되어 있으십니까?
무라카미	네, 11시에 약속을 해 두었습니다.
접수원	그럼, 저쪽 한가운데 엘리베이터로 4층으로 올라가 주세요.
무라카미	한가운데죠. 고맙습니다.

패턴 회화 표현

패턴 익히기로 회화력 **UP!**

💬 **失礼ですが** 실례지만

- **失礼ですが、おいくつですか。** 실례지만, 몇 살이에요?(연세가 어떻게 되세요?)

- **失礼ですが、身分証はお持ちですか。** 실례지만, 신분증은 가지고 계세요?

💬 **～しております** ~하고 있습니다(겸양 표현)

- **大学院では太宰治について研究しております。**

  대학원에서는 다자이 오사무에 대해 연구하고 있습니다.

- **昼食は1時を予定しております。** 점심 식사는 1시로 예정하고 있습니다.

🔖 문화와말 문화를 알면 말이 술~술

상대방 회사를 방문할 때는 다음과 같은 예절을 지키도록 노력하세요.

1. 약속 시간 5~10분 전에 도착한다. 단, 너무 일찍 도착하는 것도 실례.
2. 안으로 들어가기 전에 코트나 머플러 등을 벗어 둔다.
3. 휴대폰을 매너 모드로 전환한다.
4. 안내 데스크에서 찾아온 사람의 소속 및 이름과 방문 이유 등을 정확하게 밝힌다.
5. 자기의 소속과 이름, 약속 유무 등을 밝힌다.

お忙しいところ、ありがとうございます。 바쁘신 중에 감사합니다.

상대 회사를 방문할 때가 있는가 하면 방문을 받을 때도 있죠.
찾아온 손님을 맞이할 때 사용하는 기본적인 표현들을 익혀 두어요.

🎧 Track **092**

申 お忙しいところ、ありがとうございます。

本田 いえ、こちらこそお時間いただき、ありがとうございます。

申 どうぞ、おかけください。

本田 失礼します。

申 ここまでの道、分かりづらくなかったですか。

本田 いえ、地図のおかげですぐ見つかりました。ところで、こちらほんの気持ちですが…。

申 あ、わざわざすみません。

✏️ **어구**
- ☐ お忙しいところ 바쁘신 중에　☐ いえ 아니에요　☐ こちらこそ 저야말로
- ☐ いただき 받아서　☐ おかけください 앉으세요　☐ 失礼します 실례하겠습니다　☐ 道 길
- ☐ 〜くなかったですか ~지 않았습니까?　☐ 〜のおかげで ~덕분에
- ☐ 見つかりました 발견했습니다
- ☐ ほんの気持ち 마음만 담은 작은 것(상대에게 선물 따위를 건네며 겸양하여 하는 말)
- ☐ わざわざ 일부러

신	바쁘신 중에 감사합니다.
혼다	아닙니다. 저야말로 시간을 내 주셔서 고맙습니다.
신	자, 앉으세요.
혼다	실례하겠습니다.
신	여기까지 길, 알기 어렵지 않았습니까?
혼다	아니요, 지도 덕에 바로 찾았습니다. 그런데 이거 변변찮은 것입니다만….
신	아, 일부러 이런 걸. 고맙습니다.

패턴 회화 표현

〜のおかげで ~의 덕분에

- 説明のおかげでよく理解できました。 설명 덕분에 잘 이해할 수 있었습니다.

- 中島さんのおかげで間に合いました。
  나카지마 씨 덕분에 시간에 맞췄습니다.

선물을 주면서 하는 말

- お口に合えば良いのですが…。 입에 맞으면 좋겠습니다만….

- 〜がお好きだと伺ったので…。 ~을 좋아하신다고 들어서….

- こちら、皆さんでどうぞ。 이거 함께 드세요.

문화와 말 문화를 알면 말이 술~술

자기 회사로 찾아온 손님을 맞이할 때도 예절이 있어요.

1. 안으로 맞이한다.
2. 외투 등을 걸 수 있는 옷걸이를 지정해 준다.
3. 자리는 입구에서 먼 쪽으로 앉도록 한다.

한편, 남의 회사를 찾아간 사람은 おかけください(〈의자 등에〉 앉으세요) 또는 お座り
ください(앉으세요)라는 말을 들은 후에 권유받은 자리에 앉도록 해요.

本日<ruby>（ほんじつ）</ruby>はありがとうございました。 오늘은 감사했습니다.

긴박했던 상대 회사와의 미팅이 종료되었네요.
마지막 인사를 하고 헤어지는 장면에서의 대화를 해 봐요.

📁 シーン①

シン
申　本日はありがとうございました。

ほん だ
本田　いえ、こちらこそ。それではそろそろ…。

した　　おく
申　下までお送りします。

だいじょう ぶ
本田　大丈夫ですよ。

申　そうおっしゃらずに。

📁 シーン②

あつ　　　　　き
申　暑いのでお気をつけて。

しつれい
本田　はい、失礼します。

✏️ **어구**

□ 本日<ruby>（ほんじつ）</ruby> 오늘(비즈니스 세계에서 자주 사용됨)　□ こちらこそ 저야말로　□ そろそろ 슬슬
□ 下<ruby>（した）</ruby> 아래(여기서는 건물의 아래라는 뜻)　□ お送り<ruby>（おく）</ruby>します 배웅하겠습니다
□ おっしゃらずに 말씀하지 마시고(여기서는 '그러지 마시고' 정도의 뜻으로 쓰임)
□ 暑<ruby>（あつ）</ruby>いので 더우니　□ お気<ruby>（き）</ruby>をつけて 조심하세요

〈SCENE①〉

신　　오늘은 고마웠습니다.

혼다　아니요, 저야말로. 그럼 이만….

신　　아래까지 배웅해 드리겠습니다.

혼다　괜찮습니다.

신　　그러지 마시고.

〈SCENE②〉

신　　더우니, 조심해서 가십시오.

혼다　네, 실례하겠습니다.

패턴 회화 표현

💬 **お〜します** ~하겠습니다(겸양어)

- 荷物をお持ちします。 짐을 들겠습니다.

- コートをお預かりします。 코트를 맡겠습니다.

💬 **〜ので** ~하므로

- 辛いので気をつけてください。 매우니 조심해 주세요.

- 寒いので風邪をひかないようにしてください。
  추우니 감기 걸리지 않도록 조심하세요.

문화와 말 문화를 알면 말이 술~술

회의가 일단락되면 대화를 마무리하는 일은 방문한 쪽에서 하는 것이 예의예요.

한편 失礼します는 다양한 상황에서 사용할 수 있는 참으로 편리한 표현이죠.

길을 묻기 위해 모르는 사람에게 말을 걸 때, 회사에서 먼저 퇴근할 때, 업무상 만나 일을 마치고 헤어질 때 등 다양한 상황에서 失礼します를 쓰죠.

전화하기①

かいはつぶ　たなか
開発部の田中さんはいらっしゃいますか。

개발부 다나카 씨 계십니까?

상대방 회사에 전화를 걸었는데, 다른 사람이 받았어요.
그럼, 자기소개를 하고 통화하고 싶은 사람을 부탁하면 되겠네요.

Track **094**

シン 申	お世話になっております。私マーク商事の申と 申しますが。
とりひきさき 取引先	お世話になっております。
申	開発部の田中さんはいらっしゃいますか。
取引先	あいにく田中は今、会議中でして…。
申	そうですか。何時ごろお戻りですか。
取引先	3時までには戻ると思います。
申	では、またかけ直します。

어구

- ☐ 私 저 (私보다 정중한 표현) ☐ 開発部 개발부 ☐ いらっしゃいますか 계십니까?
- ☐ あいにく 공교롭게 ☐ 今 지금 ☐ 会議中 회의 중 ☐ ～ごろ ~쯤(경)
- ☐ ～と思います ~라고 생각합니다 ☐ かけ直します 다시 걸겠습니다

신	신세가 많습니다. 저는 마크상사의 '신'이라고 합니다.
거래처	신세가 많습니다.
신	개발부 다나카 씨 계십니까?
거래처	공교롭게도 다나카는 지금 회의 중이라서….
신	그렇습니까? 몇 시쯤 자리에 돌아올까요?
거래처	3시까지는 돌아올 거라고 생각합니다.
신	그럼, 다시 걸겠습니다.

패턴 회화 표현

패턴 익히기로 회화력 UP!

💬 **～はいらっしゃいますか** ~는 계십니까?

- 経理部の伊藤様はいらっしゃいますか。 경리부의 이토 님은 계십니까?
- 担当の方はいらっしゃいますか。 담당하시는 분은 계십니까?

💬 **ます형＋直します** 다시 ~하겠습니다

- メールを送り直します。 메일을 다시 보내겠습니다.
- 企画書を明日までに書き直します。 기획서를 내일까지 다시 쓰겠습니다.

문화와 말 문화를 알면 말이 술~술

평사원이 외부에서 걸려온 전화를 받았는데, 거래처 회사의 과장에게서 걸려온 전화였어요. 거래처 회사의 과장이 자기 부서의 田中 부장님과 통화하고 싶다고 해요. 그런데 마침 田中 부장님이 자리를 비웠어요. 이때 거래처 회사 과장에게 뭐라고 할까요?

- 田中は席をはずしておりますが。 다나카는 자리를 비웠는데요.

자기 회사 사람을 남에게 말할 때는 자기보다 윗사람이라도 이름으로 지칭하여 말한다는 사실도 알아 두세요.

伝言をお願いできますか。

전언을 부탁드릴 수 있을까요?

전화를 했는데, 내가 찾는 사람이 마침 자리를 비웠어요.
그럴 땐 메모를 남겨 달라고 부탁을 할 수 있어요. 어떻게 말할까요?

🎧 Track **095**

申　　では、伝言をお願いできますか。

取引先　はい、少々お待ちください。…どうぞ。

申　　見積書が完成したと伝えてください。

取引先　見積書が完成した、でございますね。

申　　はい。

取引先　失礼ですが、お名前をもう一度お願いできます
か。

申　　マーク商事の申です。「申します」の漢字です。

✏ 어구
- ☐ 伝言 전언, 전하는 말　☐ お願い 부탁　☐ 少々 잠시　☐ お待ちください 기다려 주세요
- ☐ 見積書 견적서　☐ 完成 완성　☐ 伝えて 전해, 전달해　☐ もう一度 다시 한 번
- ☐ 漢字 한자

신	그럼, 전언을 부탁드릴 수 있을까요?
거래처	네, 잠시 기다려 주세요. … 말씀하세요.
신	견적서가 완성되었다고 전해 주세요.
거래처	견적서가 완성되었다. 맞죠?
신	네.
거래처	실례지만, 성함을 한 번 더 부탁드릴 수 있을까요?
신	마크상사의 신입니다. '申します'의 한자입니다.

패턴 회화 표현

패턴 익히기로 회화력 **UP!**

💬 **～と伝えてください** ~라고 전해 주세요

- 少し遅れると伝えてください。 조금 늦는다고 전해 주세요.

- サンプルが一つ足りないと伝えてください。

  샘플이 하나 모자란다고 전해 주세요.

💬 **失礼ですが～** 실례지만, ~

- 失礼ですが、お名前はなんとお読みするのでしょうか。

  실례지만, 성함은 어떻게 읽는 것이죠?

- 失礼ですが、ご結婚されていますか。 실례지만 결혼하셨나요?

🕊️ 문화와말 문화를 알면 말이 술~술

일본인은 자기소개를 할 때 자기 이름의 한자를 설명해 주는 경우가 있어요. 그래서 일본인에게 자기를 소개할 때는 자기 이름에 무슨 한자를 쓰고 그 한자에 어떤 뜻이 담겨 있는지 설명해 주면 좋아해요. 자기 이름의 한자를 일본어로 설명해 볼까요?

お繋ぎしますのでお待ちください。

연결해 드릴 테니 기다려 주세요.

회사로 자기가 아닌 다른 사람을 찾는 전화가 왔어요.
상대의 이름을 확인하고 전화를 연결해 주는 표현을 익혀요.

Track **096**

📁シーン①

申　お待たせしました。マーク商事の申でございます。

田中　お世話になっております、ベリー貿易の田中でございます。営業部の村上さんはいらっしゃいますか。

申　営業部の村上ですね。お繋ぎしますのでお待ちください。

📁シーン②

申　村上さん、ベリー貿易の田中さんからお電話です。

✏️어구

☐ お待たせしました 기다리게 해서 죄송합니다　☐ 貿易 무역
☐ いらっしゃいますか 계십니까?　☐ お繋ぎします 연결해 드리겠습니다　☐ お電話 전화

〈SCENE①〉

신　　　기다리게 해서 죄송합니다. 마크상사의 '신'입니다.

다나카　신세가 많습니다. 베리무역의 다나카입니다. 영업부 무라카미 씨는 계신가요?

신　　　영업부 무라카미 말이죠? 연결해 드릴 테니 기다려 주세요.

〈SCENE②〉

신　　　무라카미 씨, 베리무역의 다나카 씨로부터 전화예요.

패턴 회화 표현

💬 **～部の～ですね** ~부의 ~말씀이시죠?

● **人事部の佐野ですね。** 인사부의 사노 말씀이시죠?

● **広報部の林ですね。** 홍보부의 하야시 말씀이시죠?

💬 **～からお電話です** ~한테서 온 전화입니다

● **総務部の松田さんからお電話です。**

총무부의 마쓰다 씨한테서 온 전화입니다.

● **清水さんという方からお電話です。**

시미즈 씨라는 분한테서 온 전화입니다.

문화와말　문화를 알면 말이 술~술

비즈니스 세계는 아직 그 세계를 경험해 보지 않은 사람이 상상하는 것 이상으로 엄격한 경우가 많아요. 전화와 관련된 예만 들어도 확 느끼게 될 거예요.

회사에서는 전화벨이 세 번 이상 울리기 전에 받는 것이 규칙처럼 되어 있어요. 고객이 걸어온 전화라면 오래 기다리게 해서는 안 된다는 사고방식이 깔려 있기 때문이겠죠.

그런데 마침 전화를 받은 자기를 찾는 전화라면, 여러분은 뭐라고 대답하겠어요?

● **はい、私ですが。** 네, 전데요.

日本語のチェックをお願いしたくて…。

일본어 체크를 부탁드리고 싶어서요.

회사 일을 하다 보면 동료나 상사에게 부탁을 하게 되죠.
부탁할 때는 어떤 표현을 사용하게 되는지 익혀 보아요.

 Track **097**

申　村上さん、ちょっといいですか。

村上　申さん、どうしたの？

申　発表資料を作ったのですが、日本語のチェックをお願いしたくて…。

村上　今はちょっと忙しいから、後でもいい？

申　はい。ありがとうございます。

村上　僕から声をかけるね。

📝**어구**

☐ 発表資料 발표 자료　☐ チェック 체크　☐ お願いしたくて 부탁드리고 싶어서　☐ 後 나중
☐ ～でもいい？ ~이라도 괜찮아?　☐ 僕 나(남성 전용어)　☐ 声をかける 말을 걸다, 말을 하다

신	무라카미 씨, 잠깐 시간 괜찮으세요?
무라카미	신○○ 씨, 무슨 일이야?
신	발표 자료를 만들었는데, 일본어 체크를 부탁하고 싶어서요.
무라카미	지금은 좀 바쁘니까 나중에라도 괜찮을까?
신	네, 고맙습니다.
무라카미	내가 부를게.

패턴 회화 표현

패턴 익히기로 회화력 **UP!**

～のチェック ~의 체크

● 人数のチェックをお願いします。 인원수 체크를 부탁합니다.

● 事前のチェックは済ませましたか。 사전 체크는 끝냈습니까?

～から ~니까

● 今日は難しいから、明日でもいい？ 오늘은 어려우니까 내일이라도 괜찮아?

● 人が多いから静かなところに行こう。 사람이 많으니까 조용한 곳으로 가자.

문화와 말 문화를 알면 말이 술~술

무엇인가를 부탁하고 싶을 때, 본론으로 들어가기에 전에 부드럽게 끼워 넣는 '쿠션어 (クッション言葉)'를 사용하는 것이 좋아요.

● よろしければ 괜찮으시면

● 恐れ入りますが 죄송하지만

● お忙しいところ申し訳ありませんが 바쁘신데 죄송하지만

拡大コピーをしたいんですけど。

확대 복사를 하고 싶은데요.

기술이 발전하면서 기계 사용에도 학습이 필요해지죠.
다음은 복사기 사용법을 몰라 물어보는 장면이에요.

 Track **098**

申   すみません、コピー機の使い方を教えてもらえますか。

村上   うん、いいよ。

申   拡大コピーをしたいんですけど。

村上   あぁ、まずはこのボタンを押して…、倍率は？

申   B4をA3に変えたいです。

村上   それならここを押して、1枚テストコピーしてみよう。

申   はい。

✏ 어구

☐ コピー機 복사기   ☐ 使い方 사용법   ☐ いいよ 좋아   ☐ 拡大 확대   ☐ まずは 우선은
☐ ボタン 버튼   ☐ 押して 누르고   ☐ 倍率 배율   ☐ 変えたい 바꾸고 싶다
☐ それなら 그렇다면   ☐ ~枚 ~장(매)   ☐ テスト 테스트

신	실례지만, 복사기 사용법을 알려 주실 수 있으세요?
무라카미	응, 좋아.
신	확대 복사를 하고 싶은데요.
무라카미	아아, 우선은 이 버튼을 누르고…, 배율은?
신	B4를 A3로 바꾸고 싶어요.
무라카미	그거라면 여기를 눌러서, 한 장 시험 복사를 해 보자.
신	네.

패턴 익히기로 회화력 **UP!**

패턴 회화 표현

💬 **ます형＋方**(かた) ~(하는) 방법

- この漢字(かんじ)の読(よ)み方(かた)を教(おし)えてください。 이 한자의 읽는 법을 알려 주세요.

- バスの乗(の)り方(かた)がわからなくて…。 버스 타는 법을 몰라서….

💬 **명사 ＋ してみよう** ~해 보자

- ちょっと連絡(れんらく)してみよう。 잠깐 연락해 보자.

- おいしそうだから注文(ちゅうもん)してみよう。 맛있을 것 같으니까 주문해 보자.

🕊 문화와말 문화를 알면 말이 술~술

일본의 편의점에는 거의 대부분 복사기가 놓여 있어요. 그런데 이 복사기는 단순한 복사기가 아니죠. 복사는 물론, 사진 인쇄도 해 주고, 공연 티켓을 이 기계에서 구입할 수 있어요. 한국의 등본과 비슷한 주민표도 인쇄할 수 있어요. 그야말로 멀티복사기라고 할 수 있겠죠.

電車が止まってしまって…。
でんしゃ　と

전철이 멈춰버려서….

내 의지와는 상관없이 지각을 하게 되었어요.
사고로 갑자기 전철이 멈춰버렸다면 어떻게 하시겠어요?

Track **099**

申 シン
お疲れ様です。開発部の申です。
つか　さま　　　　かいはつぶ　　シン

村上 むらかみ
ああ、申君。村上です。どうしたの？
シンくん　むらかみ

申 シン
実は、人身事故で電車が止まってしまって…。
じつ　じんしんじこ　でんしゃ　と

村上 むらかみ
え、それは大変だ。
たいへん

申 シン
なので、ちょっと遅れそうです。できるだけ早く
おく　　　　　　　　　　　　はや
向かいます。
む

村上 むらかみ
了解です。みんなに伝えておきます。
りょうかい　　　　　　　つた

✏️ **어구**

□ お疲れ様です 고생하십니다 □ 開発部 개발부 □ どうしたの 무슨 일이야? □ 実は 실은
　つか　さま　　　　　　　　　　　かいはつぶ　　　　　　　　　　　　　　　　　　　じつ
□ 人身事故 인사 사고 □ 電車 전철 □ 止まって 멈춰 서서 □ 大変 큰일 □ ちょっと 조금
　じんしんじこ　　　　　でんしゃ　　　と　　　　　　　　たいへん
□ 遅れそう 늦을 것 같음 □ できるだけ 되도록, 가능하면 □ 早く 일찍
　おく　　　　　　　　　　　　　　　　　　　　　　　　　　はや
□ 向かいます 향하겠습니다(여기서는 '가겠습니다'란 뜻) □ 了解 양해(여기서는 '알았다'는 뜻)
　む　　　　　　　　　　　　　　　　　　　　　　　　　　りょうかい
□ みんな 모두 □ 伝えて 전달해
　　　　　　　　つた

226

신	수고하십니다. 개발부의 '신'입니다.
무라카미	아! 신 군. 무라카미입니다. 무슨 일이에요?
신	실은 인사 사고로 전철이 멈춰버려서….
무라카미	아! 그거 큰일이네.
신	그래서 조금 늦을 것 같아요. 가능한 한 빨리 가겠습니다.
무라카미	알았어요. 모두에게 전해 둘게요.

패턴 회화 표현

💬 **ます형 + そうです** ~할 것 같습니다

● なんとか5時までに間に合いそうです。
ご じ ま あ
어떻게든 5시까지 시간에 댈 수 있을 것 같습니다.

● なんだか雨が降りそうですね。 왠지 비가 내릴 것 같습니다.
あめ ふ

💬 **できるだけ~い형용사 + く** 가능한 한 ~하게

● できるだけ詳しく教えてください。 가능한 한 자세하게 가르쳐 주세요.
くわ おし

● できるだけ多くの方に知っていただきたいです。
おお かた し
가능한 한 많은 분이 알아 주셨으면 합니다.

🦢 문화와 말 문화를 알면 말이 술~술

일본의 신입 사원은 '시금치(ほうれんそう)'가 중요하다고 배웁니다.
왜 시금치가 중요할까요?
'ほうれんそう'는 직장인의 기본 자세인 보고・연락・상담의 첫 글자를 딴 말이에요.

ほう : 報告(보고)
ほうこく

れん : 連絡(연락)
れんらく

そう : 相談(상담)
そうだん

업무가 막힘없이 진행되기 위해서는 보고, 연락, 상담을 잘해야 한다는 뜻에서 생긴 말이죠.

お休みをいただけないでしょうか。

휴가를 받을 수 없을까요?

갑작스런 컨디션 난조로 휴가를 내야 할 상황.
누구에게 어떻게 휴가를 받아야 할까요?

 Track **100**

シン 申	お疲れ様です。申です。松岡部長はいらっしゃいますか。
まつおか 松岡	私ですが。どうしました？
申	昨夜から風邪をひいてしまって…。本日お休みをいただけないでしょうか。
松岡	風邪、流行っているからね。熱は？
申	８度５分ありました。病院に行こうと思います。
松岡	それがいいね。お大事に。

어구

☐ 部長 부장 ☐ 昨夜 지난밤 ☐ 風邪 감기 ☐ お休み 휴식, 쉼
☐ 流行っている 유행하고 있다 ☐ 熱 열 ☐ ８度５分 8도 5부(38.5도를 다르게 표현한 말)
☐ 病院 병원 ☐ 行こうと 가려고 ☐ お大事に 몸 조리 잘 해요

신	수고하십니다. '신'입니다. 마쓰오카 부장님 계십니까?
마쓰오카	전데요, 무슨 일이죠?
신	어젯밤부터 감기에 걸리고 말아서…. 오늘은 휴가를 받을 수 없을까요?
마쓰오카	감기가 유행이라서 말이지. 열은?
신	38.5도예요. 병원에 가려고요.
마쓰오카	그게 좋겠군. 몸 조리 잘 해.

패턴 회화 표현

패턴 익히기로 회화력 UP!

💬 **의지형 ＋ と思います** ~하려고 생각합니다

● 今週末に見に行こうと思います。이번 주말에 보러 가려고 생각합니다.

● 試験を受けようと思います。시험을 보려고 생각합니다.

💬 **いただけないでしょうか** ~해 주실 수 있습니까?

● こちらを50部印刷いただけないでしょうか。
이것을 50부 인쇄해 주실 수 있습니까?

● 私の代わりに間宮様に連絡いただけないでしょうか。
저 대신에 마미야 님께 연락해 주실 수 있습니까?

🕊 문화와말 문화를 알면 말이 술~술

자신이 만약 감기에 걸렸다면, 일본에서는 반드시 마스크를 하는 것이 예의입니다.
마스크를 하지 않은 채 기침을 하면 남에게 옮길 가능성이 있어서 폐를 끼친다고 생각합니다.
요즘엔 한국에서도 마스크를 하는 사람이 많지만, 감기에 걸렸어도 마스크를 하지 않은 채 직장 내에서 기침을 하는 사람은 적지 않은 것 같습니다.

가볍게 풀어 보는
셀프 테스트

한국어를 참고하여 공란에 들어갈 일본어 표현을 쓰고 말해 보세요.

01 가와이 씨에게 사내를 안내 받으세요.

川井さんに社内を案内 ＿＿＿＿＿＿＿＿＿＿＿。

02 조금 전에 막 알게 되었습니다.

さっき知り合っ ＿＿＿＿＿＿＿＿＿＿＿。

03 가게를 예약해 두겠습니다.

お店を予約し ＿＿＿＿＿＿＿＿＿＿＿。

04 취소를 부탁드리고 싶습니다.

キャンセル ＿＿＿＿＿＿＿＿＿＿＿。

05 설명 덕분에 잘 이해할 수 있었습니다.

説明 ＿＿＿＿＿＿＿＿＿＿＿よく理解できました。

06 코트를 맡겠습니다.

コートを ＿＿＿＿＿＿＿＿＿＿＿します。

07 메일을 다시 보내겠습니다.

メールを送 ＿＿＿＿＿＿＿＿＿＿＿。

소리 내어 직접 말해 보고
꼼꼼하게 빈칸에 적어 봐요!

08 조금 늦는다고 전해 주세요.

少し遅れる _____ 。

09 시미즈 씨라는 분한테서 온 전화입니다.

清水さんという方 _____ 。

10 버스 타는 법을 몰라서….

バスの _____ がわからなくて…。

11 왠지 비가 내릴 것 같습니다.

なんだか雨が _____ ですね。

12 시험을 보려고 생각합니다.

試験を受け _____ 。

📍**정답**

01 してもらってください   02 たばかりです   03 ておきます
04 をお願いしたいんです   05 のおかげで   06 お預かり   07 り直します
08 と伝えてください   09 からお電話です   10 乗り方   11 降りそう
12 ようと思います